발트3국에 숨겨진 아름다움과 슬픔

발트3국에 숨겨진 아름다움과 슬픔

초판 1쇄 펴낸날 2010년 9월 15일
초판 2쇄 펴낸날 2011년 1월 10일

지은이 이상금
펴낸이 강수걸
펴낸곳 산지니
등록 2005년 2월 7일 제14-49호
주소 부산광역시 연제구 거제1동 1493-2 효정빌딩 601호
전화 051-504-7070 | 팩스 051-507-7543
sanzini@sanzinibook.com
www.sanzinibook.com

ISBN 978-89-6545-118-1 03920

값 15,000원

* 이 도서의 국립중앙도서관 출판시도서목록(CIP)은 e-CIP 홈페이지
(http://www.nl.go.kr/ecip)에서 이용하실 수 있습니다.
(CIP 제어번호 : CIP 2010003204)

발트3국에 숨겨진 아름다움과 슬픔

발트전문가 이상금 교수의 문화와 역사 탐방기

|이상금 지음|

산지니

차례

책으로 펴내면서 · 7

여름의 고향, 영롱한 보석의 나라 · 15
신화와 전설의 땅, 문학적 형상력 · 35
얽히고설킨 역사의 실타래 · 55
'살아남기' 위한 약소국의 애환 · 87
리투아니아 '발트의 길 baltijos kelias' · 119
라트비아 '발트의 길 baltijas ceļš' · 143
에스토니아 '발트의 길 balti kett' · 167
다양한 민족 · 언어 · 종교 · 187

발트3국의 역사개관 · 213
오늘날 발트3국 현황 · 217
참고문헌 및 웹사이트 · 220
찾아보기 · 222

책으로 펴내면서

여기에 실리는 글은 2009년 3월 19일부터 5월 7일까지 매주 목요일 8회에 걸쳐 〈부산일보〉의 기획과제로 연재된 내용을 꽤 많이 보완한 것이다. 신문에서도 「발트3국에 숨겨진 아름다움과 슬픔」이라는 제목으로 소개되었다. 그렇지만 지면이 갖는 한계로 인해 싣지 못한 생생한 사진은 물론 일반인들에게는 여전히 생소하게 느껴지는 부분에 대한 설명이 필요하다는 독자들의 요청을 무시할 수 없었다. 가능하다면 쉽게 접근하려는 필자의 의무에 가까운 부담도 떨쳐버릴 수 없었다.

'발트3국' 또는 '발트국'은 공식적인 명칭이 아니다. 소비에트 공화국 시절 발트해 동쪽 해안에 접해 있는 관계로 다른 공화국과 달리 불린 편의적인 이름이다. 공식적인 국가명 표기(발트어;

독일어)는 'Eesti; Estland', 'Latvija; Lettland', 'Lietuva; Litauen' 즉 '에스티; 에스트란트, 라트비야; 레트란트, 리에투바; 리타우엔' 이지만, 여기서는 이미 쓰이고 있는 영어식 표기인 '에스토니아Estonia, 라트비아Latvia, 리투아니아Lithuania'로 사용하고자 한다. 그러나 지명(地名)의 경우 과거와 현재의 표기가 다르므로 처음에는 병기하거나 괄호로 처리하였다. 또한 일반인들이 이미 알고 있는 영어식 표기도 때론 괄호에 넣었다. 인명이 처음에 나타나는 경우에는 원어를 괄호 없이 병기하였으며, 때론 성(姓)만으로 표시하기도 했다.

먼저 이러한 연구와 관심을 갖게 한 계기를 소개하고 싶다. 2004년 3월 연구차 방문한 독일, 당시 그곳 일간지에서 소개한 유럽연합의 회원국 확대 기사 가운데 나의 관심을 끈 것은 생소한 나라, 낯설게까지 여겨졌던, 그렇지만 꼭 가보고 싶었던 발트3국이었다. 그리고 서방세계에 더 잘 알려진 작가 얀 크로스Jaan Kross에 관한 기사였다. 혼자 배운 에스토니아어를 비롯하여 나름대로 사전 정보를 갖추는 준비기간은 6개월이 걸렸다. 첫 번째 방문을 마치고 2005년 초 귀국하자마자 〈오늘의 문예비평〉 봄호에 얀 크로스와 했던 인터뷰 내용을 국내에서는 처음으로 소개하기도 했다.

  이어 2008년 8월 말부터 9월 초까지 보름간 한국학술진흥재단(현재, 한국연구재단) 프로젝트 연구수행 중 현장 확인과 자료 수집을 위해 다시 발트3국을 방문하였다. 근 700년 동안이나 그들이 겪었던 역사적 애환과 자유를 향한 집념을 중심으로 한 문화적 진단이다. 낯섦만큼 감동이 클 것이라는 기대는 충분히 충족되었을 뿐만 아니라, 첫사랑의 목마름처럼 강한 인상을 받았다. 글로 표현하는 것이 오히려 부족하다는 느낌이다. 그렇기에 두 번째 방문은 4년 전과 달리 발트3국을 제대로 살펴볼 수 있었다. 눈과 귀로 전해지는 감동의 실체 역시 생소한 아름다움에 빠져드는 체험이라 할 수 있다.

  그러나 여기에도 나름대로의 취지가 있어야 하지 않겠는가? 오늘을 살아가는 현대인은 감정의 메마름과 사회의 삭막함이 일상처럼 굳어져가는 가운데 이제는 무관심으로 인해 삶의 여유와 낭만마저 기리기 힘든 상황이다. 그럼에도 불구하고, 이를 극복하려는 사람들의 노력은 스스로 조화와 '아름다움'을 갈구하는 자세이며, 차이와 다름으로 받아들여지기 바라는 열망의 소산이기도 하다. 왜냐하면 아름다움에 대한 갈증이 일상적인 삶의 버팀

목이자 생명력임을 그들은 알고 있기 때문이다. 나는 이처럼 아름다움의 실체와 모순을 실제 낯선 체험을 바탕으로 접근하고자 한다.

사실 우리에게 발트3국은 생소함 그 자체이다. 12세기 말부터 오늘날에 이르기까지 줄곧 주변 강대국에 의한 외세와 침략의 역사를 고스란히 감당하면서, 독자성을 일깨우려는 그들의 숱한 역경은 우리에게 시사하는 바가 크다. 너무나 잘 알려진 서부 유럽에 비해 무지와 편견 속에 놓여 있던 발트3국을 탐방하면서, 오늘날 그들의 삶의 터전에서 드러나는 낯선 나라, 낯선 역사, 낯선 문화를 소개하는 일이 나의 역할이라고 느꼈다. 이는 생소함을 통해 새로움을 발견하려는 우리의 주체성 확보에 맞닿아 있기도 하다.

따라서 그간 이와 관련된 일련의 연구와 체험, 기록, 자료, 인터뷰 등을 바탕으로 기술하는 글쓰기 형식을 취하고자 한다. 좀 더 자세하게 말하면, 현장감 있게 그들의 역사, 언어, 정치, 경제, 사회 등을 아우르는 문화역사적 관점이다. 일반 독자에게 새로운 인식과 이해를 돕고, 현실적인 반추, 알려지지 않은 세상에 대한 생각과 이야깃거리를 마련해주는 서술관점을 취하는 것이다. 때문에 이 자리를 빌려 현재 타르투 대학에서 발트민속학을 전공하고 있는 서진석 씨의 많은 조언과 자료에 대해 감사의 말을 전한다. 덧붙여 발트국 두 번째 방문 때 함께했던 박사과정 허남영 선생과 김아롱 조교의 도움 역시 큰 고마움이다.

  그렇다면 이러한 글은 어떤 의의를 가질까? 국내에서는 2008년 6월 28일 KBS 1TV의 「걸어서 세계 속으로」 프로그램 가운데 '에스토니아 편'이 방영된 적이 있고, 이어 '리투아니아 편'은 2009년 7월 4일 1시간 분량으로 방영된 적이 있다. 후속으로 '라트비아 편'은 준비 중인 것으로 알고 있었는데, 얼마전 2010년 8월 2일부터 5일까지 EBS 「세계테마기행」에서 '발트해의 자존심, 에스토니아'를 4부작으로 방영하였다. 본 책의 발간을 위해 출판사가 마무리 작업을 하던 중이라 여간 반가운 일이 아닐 수 없었다.

  이처럼 유럽을 소개하는 가운데 발트3국에 관한 정보가 최근 늘어나고 있다. 신문, 방송, 잡지, 인터넷 등에서 경제, 정치, 문화에 관해 간간히 소개되고 있는 실정이다. 그러나 대부분 백과사전이나 여행사 또는 여행자의 확인되지 않는 정보를 토대로 편의적으로 이루어지고 있다. 독자 역시 일방적인 정보에 노출되어 있는 실정이다.

요즈음 한국인들 사이에서 발트3국은 유럽여행 가운데 매력적인 곳으로 차츰 관심이 증대되고 있다. 이러한 시기에 이러한 글을 통해 발트3국의 실체를 단편적이지만 제대로 이해하고, 덧붙여 올바른 정보와 생생한 체험이 담긴 독서를 통해 새로운 세상을 인식하기 바란다. 남의 나라인 것처럼 보이지만, 결국 나로 비롯되는 우리의 현실을 새삼스럽게 자리매김할 수 있는 기회와 계기가 마련되었으면 하는 바람이다.

2010년 8월의 여름이 한창일 때

이상금(李相金; Li SangGum)

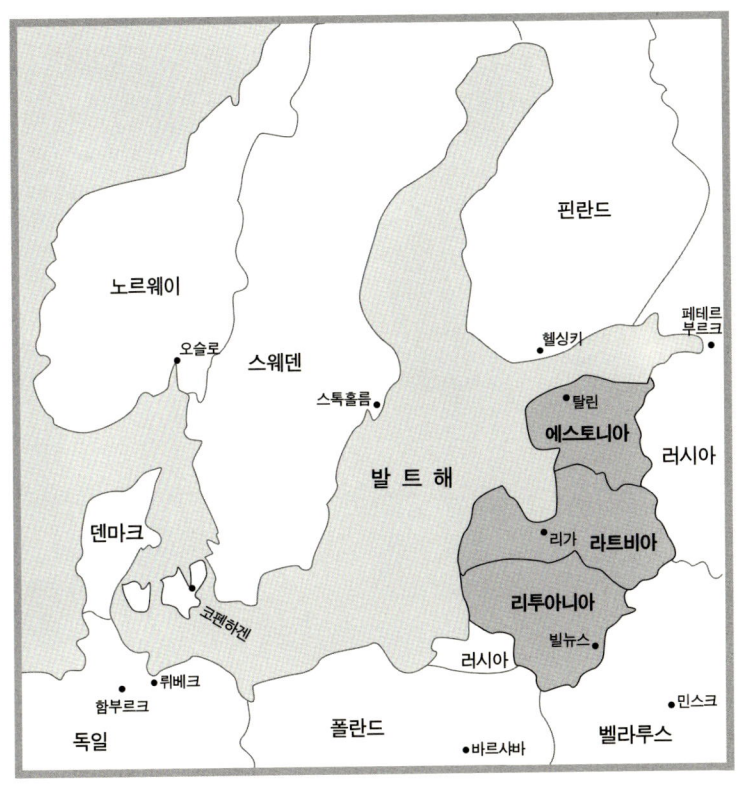

| 유럽 속의 발트3국 |

여름의 고향,
영롱한 보석의 나라

> 끝없이 이어지는 숲과 숲
> 눈이 시원하다 싶으면 호수와 평원
> 특산물 보석 호박, 별같이 반짝반짝
> 1,400킬로미터 모래밭은 휴양지

신선한 바람, 숲과 호수, 호박의 땅
유럽이나 러시아와는 다른 '생소한 풍광'

독일 함부르크 공항을 이륙한 '에어 에스토니아' 비행기가 두 시간 반을 지나 에스토니아 탈린공항에 착륙한다. 비행기가 활주로에 털컹거리는 둔중한 소리를 잠재우고 승객을 하나둘 내려놓는 동안 한 무더기 낯선 바람이 나의 옷깃을 펄럭인다. 신선한 바람이다. 반가움의 인사처럼, 아니 다정한 표정으로 맞이하는 주인의 눈길처럼 느껴졌다. 탈린Tallinn의 시가지로 접어드는 길, 생소한 지명을 알리는 도로 표지판이 외지 나그네를 맞이한다.

미지의 땅, 낯선 곳의 탐방은 이렇게 시작되었다. 먼저 생소한 나라, 생소한 사람, 생소한 체험을 통해 발트국에 숨겨진 아름다움으로 '숲, 호박(琥珀), 해변'을 들고 싶다. 하지만 더욱 아름답고 순수한 것은 이를 가꾸고 느끼고 즐기는 이곳 사람들의 일상일 것이다. 혹 발트 여행을 꿈꾼다면, 숲, 호박, 해변과 더불어 '그들'을 기억하기 바란다. 발트는 첫 순간부터 낯설다. 서유럽이나 동유럽, 북유럽은 물론이고 수십 년간 강제로 동질화된 러시아와도 아주 다르다. 사실 이번 탐방의 빌미는 이러한 생소한 아름다움에 압도되는 힘 때문이었다. 반문화운동가이자 문학비평가인 수잔 손탁Susan Sontag은 "아름다움은 자신을, 나아가 세상을 이상화하려는 역사의 일부"라고 갈파했다. 그 말처럼 발트국의 아름다움은 거칠고 지난한 역사적 기억 속에 숨겨진 아픔을 극복하고 이상화하려는 과정에 놓여 있다.

에스토니아는 면적이 스위스와 비슷하지만, 주민 수는 140만 명 정도에 불과하다. 파란만장한 역사를 거치면서 인구가 반 이상 줄었기 때문이다. 라트비아와 리투아니아도 예외는 아니다.

이곳에서도 유적이나 기념물과 박물관은 피할 수 없었지만, 이제는 싫다. 나만의 탐방을 택한다. 도시의 거리에, 시골에, 마을과 마을을 잇는 강물 속에 그들의 삶과 역사가 녹아 흐르고 있기 때문이다. 현실의 모습을 따라 굽이굽이 이어진 시골길, 작은 마을과 도시를 스치고 바다를 찾는 길이 자그마치 2,000킬로미터에 달했다. 그 길이만큼이나 기억까지 오롯이 살릴 수는 없지만, 탐방자가 하고 싶은 이야기는 따로 있는 법이다.

북동 유럽의 발트국은 한마디로 겨울나라이다. 살아남기 위한 겨울은 혹독하며 길다. 그만큼 상대적으로 짧은 여름은 비로소 사람 사는 세상이 된다. 여름의 고향은 우리의 편견을 깨트리는 추운 나라에 있지 않을까?

먼저 '숲'을 찾아 들른 곳이 탈린에서 동쪽으로 약 70킬로미터쯤 떨어져 있는 '라헤마국립공원 Lahemaa rahvuspark'이다. 정오 무렵 안내판이 늪지로 둘러싸인 공원 입구를 가리킨다. 청명한 날씨, 숲속 공원 빈터 여기저기에서 따사로운 햇볕과 신선한 자유의 공기를 마음껏 즐기는 시민들의 모습은 참으로 평화로웠다. 개울 건너 갈매기가 날고, 가재와 가시고기가 냇물 속을 거니는 평온한 북국의 여름. 이곳은 여름의 고향이기에 너무나 정갈한

습지와 숲으로 이루어진 북부 라헤마국립공원

모습이다. 여행자는 침묵으로 자연과 일체감을 느끼는 시간이 필요할 뿐이었다. 작은 키 소나무가 많다는 생각도 잠시, 전 유럽에서 가장 북쪽에 자란다는 독특한 허브향 등자(橙子)나무가 이곳의 문화적 기억을 일깨운다.

에스토니아는 전 국토가 국립공원과 자연공원으로 둘러싸여 있다고 해도 과언이 아닐 정도이다. 그러나 정작 이곳 주민들의 정서는 무엇일까? 하는 생각이 머리를 스쳤다. 우리의 농촌이나 어촌을 근거하면 될까? 아니면 아프리카나 중앙아시아 산악지방? 답은 '환경과 생존' 이다. 인간의 욕망구조로 인해 얽히는 제도나 관습, 이념은 도리어 적이다. 소위 문명인들은 공연스레 그들을 동정한다. 그들은 다만 자유와 삶의 터전이 필요할 뿐이다. 열악한 환경 속 대응과 조화, 순응과 극복이다. 에스토니아 주민들은 발트3국 가운데 과묵하고 신중한 반면, 성격은 온순하고 수줍음을 타는 편이다. 그러한 유연함과는 달리 정신적 세계라고 할까, 주관은 매우 강하다. 이들의 생존은 자연과 역사를 통해 체득된 것이라고 볼 수 있다.

안내 책자를 보니 '사우나Sauna' 의 원조가 핀란드가 아니라 에스토니아라고 소개되어 있다. 시골 풍경을 배경으로 한 조그만별채 같은 곳에서 사우나의 원형을 직접 체험해보았다. 하지만 초라한 시설이다. 무릇 '원형Original' 이라는 이름으로 덧칠한 것들의 실체는 대부분 인간들이 견강부회한 것들이다. 오히려 초라하고 보잘 것 없는 기이한 형상과 볼품없는 모습을 띤다. 따지고 보면, 원형은 '단순함과 일회성'의 의미를 갖는 것이기에, 사우나를 예로 들었지만, 원형과 원조가 반드시 강자나 기득권자만의 전유물이 아니라는 점을 말하고 싶다.

하룻밤을 묵은 다음, '타르투-발가-예가브필스-다우가우필스'로 이어지는 길에도 숲은 여전하다. 가끔 야트막한 산들로 둘러싸인 평지의 낙원처럼 보이기도, 때론 국토의 절반 가까이 평원, 숲, 호수로 이루어진 풍경 탓인지 적적하다는 느낌이다. 끝도 없이 이어지는 숲과 숲. 그러다 잠시 눈이 시원하다 싶으면, 호수와 평원이다. 이쯤 되면 시나브로 무념무상에 빠질 수밖에. 그런데 숲의 색깔이 제각각 다르다. 어떤 때는 짙푸른 빛이고, 또 어떤 때는 회갈색이 드문드문 어울린 채 시야를 채운다. 무념무상과도 같은 시간이 이어지는 가운데, 마침 눈 아래 펼쳐지는 자작나무 숲 위로 북국의 가을 저녁이 여행자의 무료함을 달랜다.

전형적인 발트국의 겨울 풍경

발트해의 금
지구의 역사, 호박

　　　　　　얼마를 달렸을까? 자동차 헤드라이트는 칠흑의 어둠을 뒤로 한 채 낯설고 먼 길을 헤치고 있다. 깊이와 높이, 길이를 알 수 없는 숲들이 나를 에워싼다. 두려움이 자꾸만 커지는 가운데, 이윽고 라트비아 다우가우필스Daugavpils에 도착한다. 리브란트(리보니아)를 둘러싸고 벌어졌던 숱한 전쟁의 흔적을 가까이 두고 밤을 지낸다. 예술박물관 근처에 있는 숙소 주인은 늦은 밤인데도 불구하고 낯선 동양인을 친절하게 맞아주었다. 까만 밤을 지키는 보석과도 같은 별들이 어스름한 새벽에 하나둘씩 하늘마당을 비울 때, 잠을 깬다. 간단히 아침을 먹은 후 길을 떠나는 이방인에게 주인은 꼭 이곳의 '호박'을, 발트의 보석을 간직하라는 당부를 곁들인다.

　'호박'은 '발트해의 금'으로 불리는 특산품이다. 명절, 우리네 한복 마고자의 장식품으로 빛을 발하던 기억이 새삼스럽다. 리투아니아 수도 빌뉴스Vilnius의 안나 교회 근처, 많은 상점을 들고나면서부터 호박에 대한 인식은 달라진다. 금이나 은과 같은 무기질 보석이 아니라, 78% 탄소 성분에 산소, 수소 그리고 유황이 약간 포함된 가벼운 유기질이다. 점원 아가씨의 설명이 부족했는지, 주인이 직접 나선다. "발트산 호박에는 약 3~7% 소량의 '숙신산 Succinic Acid' 향이 함유되어 있으며, 그 때문에 좀 더 탁하고 강도도 높다"고 전문지식까지 덧붙인다. 그래서 더 값지다는 말이다.

실제로 호박은 9세기경 라트비아 원주민에 속하는 젬갈레인의 주요 교역품이었으며, 당시 로마인들에게 보석으로 그 가치를 인정받는 등 문헌에도 나타날 정도로 유명했다. 또한 중세 리브란트의 가장 중요한 무역상품이었으며, 이는 20세기 중반까지 계속되었다. 호박에서 발트 역사의 단층이, 아니 값진 호박을 둘러싼 정복자의 이욕과 그로 인해 고통을 당한 원주민들의 아픔이 고스란히 느껴지는 것 같다.

그보다 훨씬 까마득한 역사에서 호박은 지구의 얼굴을 기억하고 있다. 이쯤이면, 대상에 대한 호기심은 관련된 자료를 뒤적이게 하는 습관을 발동시키기 마련이다. 호박(琥珀; Bernstein; Amber)은 나무의 진액이 고온과 고압을 받아 화석화된 것이다. 종종 곤충이나 다른 물질이 들어 있는 호박의 경우가 발견되는데, 이는 나무 진액이 흘러나올 때 뒤섞여 들어간 뒤 굳은 것이다.

호박의 색과 강도는 지역, 원재료, 생성시기에 따라 다르며, 이물질이나 곤충에 의해 다양한 색깔을 띠기도 한다.

　무기질 보석과 달리 호박은 섭씨 200도 이상의 온도로 가열하게 되면 형태가 물러지다가 불에 타게 된다. 그래서 독일어 '베른슈타인Bernstein'이나 네덜란드어 '바른스텐Barnsteen'은 이와 같이 '불타는 돌'의 성질에서 유래된 이름이다. 영어로는 '번스톤Burnstone'이라고 할 만도 한데 그렇지 않다. 영어 '엠버Amber'는 '황갈색을 띤 고체'를 뜻한다. 유럽 대륙과 섬나라 영국의 문화적 차이가 여기서도 드러난다. 독일과 네덜란드의 경우 물체의 '성질(性質)'을, 영국이나 미국의 경우 물체의 '외형(外形)'을 중시하는 습성 탓이라고 유추해본다.

　현재까지 알려진 가장 오래된 호박은 3억 4,500만 년 전(데본기, 고생대 제4기)의 것이며, 일반적으로 채취되고 가공되는 호박의 경우 대부분은 약 4,000만 년 전(신생대 제3기는 6,000만~200만 년 전에 해당)의 것들이다. 호박은 생산지에 따라 크게 두 가지로 분류된다. 발트해 호박과 도미니카 지역의 호박이다. 이러한 정보는 물론 나중에 알게 된 것들이다. 아는 만큼 보석의 가치가 달라지는 것 같다.

라트비아 리가의 길거리에서 볼 수 있는 호박 보석들과
에스토니아 탈린 시내의 기념품 가게에 진열된 호박 상품들이
영롱한 빛을 발하고 있다.

다른 몇몇 상점과 거리의 진열대에서 더 묻고 답하는 가운데 지갑을 자꾸 만지작거린다. 여행의 절반이 음식과 기념품인 것을, 국립공원 근처에서 구입한 목제품에 보태어 아내에게 선물할 호박 가격이 천차만별이라 고민은 커진다. 그러나 4,000만 년 전 지구의 기억을 간직한 것이라니 갑자기 지구의 나이가 궁금해진다. 45억 또는 50억 년이라고도 한다. 지질학에서 보면, 현재의 인류는 200만 년 전부터 신생대 4기 후반, 극히 짧은 기간 동안 지구라는 땅덩어리에 기생하고 있는 셈이다. 억겁의 시간에서 보면 찰나에 지나지 않는다.

당시의 식물은 지금도 지구를 지킨다. 침엽수, 종려나무, 떡갈나무의 송진이나 진액이 지각변동, 고온과 고압으로 화석화된 호박들의 화려한 부활이 눈부시다. 몇몇은 곤충까지 투명하게 드러나는 것들이라 보면 볼수록 영롱하다 못해 영혼까지 사로잡는 느낌이다. 아니 순결하다 못해 황홀한 느낌으로 정신을 흩트리기에 충분한 아름다움이었다. 영롱한 순결이 발트국의 영혼처럼 오늘을 비추고 있다.

그런데 누가 어디서 어떻게 숨겨진 보석을 건져 올리는 걸까? 이곳 호박은 크게 두 가지로 구분된다. 바다에서 건져 올린 호박은 잘 마모되어 매끄럽고 아름답게 빛난다. 육지에서 발견되는 호박은 갈색을 띠면서 기공이 있다. 당연히 그 가치에서 차이가 난다. 호박을 채집하는 사람들은 겨울, 남서쪽에서 거세게 부는 바람으로 바다 바닥이 뒤집히는 날을 택한다. 번쩍이는 수면 아래 철 그물망으로 건져 올린다. 영하 5도의 날씨에서 호박을 건져 냈을 어부(?)들의 일그러진 얼굴이 호박 속에 투영될 수 있을까? 발트의 바다는 그들의 선조들도 그렇게 생업을 일구어온 곳이다.

보석 세공인은 "요즈음은 굴삭기나 광부 또는 잠수부에 의해 수집되기도 해요. 이제 자원이 고갈되어 질 좋은 원석은 구하기가 힘들지요"라고 말한다. 손끝에서 형용되는 아름다움의 추구도 현실을 비켜갈 수는 없는 것인가. 주인은 보증서를 첨부하고 선물 포장을 하는 동안 발트를 잊지 말라고 다그친다. 보물을 숨겨놓은 나라가 아니라 생업의 현장이라는 뜻이다.

호박을 채취하는 모습(GEO special. Nr.4, 2007)

해변의 여유와 자유
아름다움과 낭만

　그러나 사람답게 사는 모습은 오히려 해변의 모래밭에서 잘 드러난다. '해변'의 여유와 자유, 아름다움과 낭만이다. 하얀 모래밭을 따라 끝없이 펼쳐지는 발트 해안은 무려 1,400킬로미터에 달한다. 그 가운데 리투아니아의 클라이페다Klaipėda 해안을 거쳐 팔란가Palanga, 리가 해협 안쪽에 자리한 라트비아의 유르말라Jūrmala, 에스토니아의 페르누Pärnu는 발트해의 아름다운 풍경을 아낌없이 보여주는 해수욕장이자 주민들의 휴양지이다.

　그러나 오랫동안 외지인과 정복

바다 가운데 놓인 벤치에 앉아보기도 했던 소박한 페르누 해변

자들에 의해 그들의 휴식처는 차단되었으며, 고단한 삶에서 위안의 장소가 될 수 없었던 빼앗긴 바다였다. 리가Riga를 지나 들른 유르말라와 페르누 해수욕장은 늦여름의 서정을 보여주기에 부족함이 없다. 사례마Saaremaa 큰 섬과 콜카Kolka 곶으로 둘러싸여 파도가 잔잔하고, 길게 드리우는 얕은 수심으로 인해 매우 안전한 곳이다. 요즈음 유럽인들에게 가장 각광받는 발트해 휴양지의 첫인상은 의외로 소박했다. 우리의 관심을 끄는 것은 다름 아닌 해변의 사구와 주변 환경이다. 자연의 모습을 그대로 보존하고 있을 뿐만 아니라 울창한 숲으로 중간지대를 두고 뒤편에 숙소들이 위치하므로 해수욕장이라기보다는 이상적인 고급 휴양지 같았다.

　이처럼 화려할 수 없는 풍경들이 여행의 실체였다. 발트는 그랬다. 화려함 대신 신비의 아름다움을 지닌 땅, 억센 역사에도 불구하고 심성은 가없이 순정한 나라다. 정작 숲, 평원, 바다의 일부가 되어 있는 농촌과 농부, 어촌과 어부, 산림에서 묻어나는 발트의 진정한 보석을 기대했지만, 다음을 기약할 수밖에 없다. 맨발로 바닷물에 발을 담그고, 바다 중간에 놓인 벤치에 앉아보기도 하는 동안 젊은 아가씨 셋이 비키니 차림으로 달려와 물 속으로 풍덩 뛰어든다. 순간 정적이 깨지고, 그 사이로 정오의 휴식과 배고픔을 알리는 교회의 종소리가 숲속 멀리서 은은히 울려 퍼진다. 반가움으로 바뀐다.

신화와 전설의 땅, 문학적 형상력

> ❝ 시나브로 구전, 전설, 민요 등에 스며든
> 아름다움과 아픔의 숱한 이야기들
> 주류 유럽과 다른 고유한 정체성 형성
> 수많은 외침을 이겨내는 구심점 역할

짧은 봄여름과 긴 겨울에
적응하며 남긴 숱한 이야기

　　　　　　발트는 엄연히 유럽문화에 속한다. 하지만 주류 유럽과는 뭔가 다른, 그들만의 고유한 언어와 정체성을 갖고 있다. 그 정체성의 원천이 무엇일까, 하는 궁금증이 들었다. 이러한 궁금증은 '새로움'에 대한 욕심이자 동시에 호기심에서 비롯된 것이다. 가끔 허상과 허구와도 같은 현실이 여행지에서는 전혀 새로운 형상으로 다가온다. 신생 독립국 발트는 더욱 그렇다.

발트는 3개월이 훨씬 넘는 동안 눈으로 뒤덮이는, 차고 습한 겨울나라이다. 그러나 이어지는 짧은 봄과 여름은 겨울에 비해 놀랄 만큼 기후가 온화하고 아름다운 풍경을 보여준다. 이는 또 전혀 다른 풍경으로 발트를 기억하게 한다. 그런 겨울과 봄여름의 '다른' 기억은 숱한 생존과 애환의 뒷이야기를 남겼다. 그것이 시나브로 구전, 신화, 전설, 민속노래, 찬가에 스며들었고, 이는 외세가 이곳을 유린하기 전부터 자신들만의 독특한 문화를 일구는 중요한 역할을 했다. 그런 점에서 문화적 기억력을 지니고 있는 이곳의 현재를 먼저 살펴보려 한다.

에스토니아의 정체(政體)는 최초로 독립국을 선언한 날(1918년 2월 24일)을 국경일이자 현 공화국의 출발로 삼고 있다. 이 외에 국가적인 축제로는 매년 6월 23일, 밤이 절정인 '하지(夏至)전야제Jaanipäev'가 있다. 신비한 힘이 있는 밤이라고 믿고 전통적인 방식으로 축하하는 날이다. 주민들은 시골이나 들녘에서 모닥불을 피우고 주변을 돌며 노래하고 춤춘다. 그리고 오직 이날 밤에만 꽃이 피는 그 꽃을 찾는 사람에게는 행운이 온다고 전해지는 신비한 양치류 꽃을 찾아다닌다. 반면 11월의 만성절(萬聖節)은 과거와 죽음, 배회하는 영혼을 기리는 뜻에서 나라 전체가 조

에스토니아의 수도 탈린의 풍경

용해진다.

 이러한 토속적인 문화에 숨겨진 민족의 아름다움과 슬픔을 발현한 이정표는 19세기 중반에 서야 나타난다. 바로 크로이츠발트F. R. Kreutzwald(1803~1882)가 1857년부터 1861년까지 전국을 돌아다니면서 수집한 영웅전설, 민요와 일화를 소재로 만든 민족대서사시 「칼레비포에그Kalevipoeg」('칼레브의 아들'이라는 뜻)이다. 핀란드의 서사시 「칼레발라Kalevala」의 영향을 받은 작품이며, 에스토니아의 「일리아드와 오딧세이」로 불리기도 한다. 마법과 신들의 이야기로 가득 찬 이 이야기는 19세기를 들끓게 했던 자유의 정신을 반영하고 있으며 오늘날에도 여전히 칭송되고 있다. 짧게 인용해보자.

　　린다는 울었네, 처량한 미망인
　　그리움에 사무쳐 비통한 눈물
　　비탄에 잠겨 뜨거운 눈물

신화와 전설의 땅, 문학적 형상력

신음했네, 비석에 앉아 탄식하며
머물렀네, 오랫동안 괴로워 울면서

Linda nuttis, vaene leski,
leinapölve pisaraida,
viletsuse silmavetta,
nuttis kaua kivi otsas,
kaljupakul kaevatessa.

 이 부분은 독립운동의 영웅 '칼레브'의 미망인이 남편 묘지에 놓일 무거운 비석을 토옴페아 언덕에 가져왔을 때, 비통하기 짝이 없이 슬프게 우는 장면이다. 고대 북유럽 '룬Rune' 형식에 따라, 즉 8음절의 멜로디를 기본으로 단계적으로 주제가 전개된다. 1만 9천 개 시구로 이루어져 있으며, '독립과 조국 사랑'이라는 주제를 담고 있다.
 이번 탐방을 통해 하도 많은 눈물과 울음을, 그리고 아름다움과 슬픔의 이중성을 경험한 탓인지 자연스럽게 우리의 대중가요 가사가 떠올랐다. 그들에게 장미가 있다면, 우리에게는 '찔레꽃'

이 있다. 민요풍이라기보다는 민중적인 애환을 체화한 가수 장사익의 노랫말이기도 하다. 장사익의 노래에서 우리 민중의 소박한 정서가 애절하게 전해지는 탓인지 숙연함과 근원적인 생명의 힘을 느끼기에 충분하고도 남는다. 울부짖음에 가까운 처절함의 여운이 때론 민중의 아름다움으로, 때론 민중의 아픔으로 각인되었기에 여기서도 생각났는지 모르겠다. 가사 한 구절을 옮겨보자. 서양악기 피아노의 맑은 반주를 배경으로, 가슴을 파고드는 우리말 가사, 이를 듣는 우리가 함께할 수 있는 경험이다.

　찔~레~꽃 향기는 너무 슬~퍼요
　그래서 울었지
　목 놓아 울었지

　찔~레~꽃 향기는 너무 슬~퍼요
　그래서 울었지
　밤 새워 울었지

　하얀 꽃, 순박한 꽃, 별처럼 서럽고 달처럼 슬픈 꽃이 우리의 찔

레꽃이다. 그렇지만 해마다 역사적 기억을 안고 우리 삶의 터전인 들녘 여기저기에 신록의 오월이면 해맑고 해밝은 모습으로 피어난다. 기억을 지닌 아름다움에도 향기가 있다면, 민중에게 그건 울음으로 표현될 수밖에 없는 또 다른 슬픔일 수 있다. 이곳인들 우리와 크게 다르지 않을 민중의 애환을 그려본다는 게 나로서는 참으로 새로운 감동이다.

그래서 우리는 전설의 주인공 린다Linda를 찾아 나섰다. 쉽지는 않았다. 현지 안내인들도 잘 모르는 곳을 물어물어 이윽고 경찰관의 도움으로 린다의 동상 앞에 선다. 잊혀진 그녀는 전설에서처럼 아직도 울고 있었다. 그녀가 우는 동안에도 조국의 기막힌 운명은 일그러진 형상을 이어갔다. 아니다. 역사의 굴절에도 아랑곳하지 않은 채 고독의 실체로 혼자 남아 이방인을 기다리고 있었기에 더욱 숙연한 느낌이다. 어느새 짙푸른 녹색 그늘로 스미는 린다의 비탄이 전신을 감싼다. 이후 얀센J. V. Jannsen, 야콥손K. R. Jakobson, 코이둘라L. Koidula, 탐사레A. H. Tammsaare, 카레바D. Kareva 그리고 크로스J. Kross 등으로 이어지는 에스토니아 문학에서는 '조국, 민족, 민중'의 이름으로 자유와 독립을 향한 문학적 형상력이 끊이지 않는다.

짙푸른 녹색 그늘 아래에서
전설의 주인공 린다는 여전히 울고 있었다.

신화와 전설을 바탕으로 펼치는 공동체의 삶

라트비아문학도 리브란트의 역사처럼 독일발트문학과 공존하지만, 19세기까지 발트3국의 문화적 주도권은 독일발트인이 가지고 있었다. 발트 고유의 말이 있었으나, 문자 기록은 독일어로 이루어졌다. 그럼에도 불구하고 라트비아 역시 민중들이 부르는 「지에스마스Dziesmas」를 통해 민족의 정신과 아픔을 표출하였다. 곡조와 구성이 단순하고 소박하며, 노동할 때나 결혼식과 같은 예식행사, 아이들이 놀면서 부르는 노래 등 다양한 부문에서 민중의 삶이 잘 반영되어 있다.

여기서 주목할 기록은 독일인으로서 라트비아의 자유와 권리를 옹호하는 글로 라트비아의 민족정신을 일깨운 메르켈 Merkel(라트비아명; Merkelis)과 슈텐데르Stender 부자를 들 수 있다. 독일어와 라트비아어로 저술활동을 하면서, 라트비아의 민속적인 것을 수집하여 편찬하거나 자연과 지리에 관한 연구서를 발간하였다.

이러한 민족정신은 어디에서 연유했을까? 18세기 중반, 그것을 찾아 다시 리가를 뒤진다. 바로 헤르더의 흔적이다. 그러나 독일식 이름 '요한 고트프리트 헤르더Johann Gottfried Herder(1744~1803)' 대신 발트식 이름이 새겨져 있다. 'Johans Gotfrīds Herders'로 이미 헤르더는 발트인이 된지 꽤 오래된 것 같았다. 정오를 앞둔 맑은 날씨 탓인지 분주한 도심의 일상과 어울려 밝은 모습으로 우리를 반긴다. 동프로이센 모룽엔Mohrungen에서 태어난 헤르더는 1764년에서 1769까지 리가에 살면서 구전되던 민요를 모아 민속집을 발간할 정도로 민족의 근원에 대한 사랑이 컸다. 당시 헤르더가 주창한 '민족' 개념은 강자에 의해 정복, 몰살, 추방, 착취당하는 노예적인 억압상태에서 비롯되었다. 미성숙한 반야만적 민족의 힘을 키워 독창적인 민족으로 끌어올리는, 사명감과도 같은 신념이라 할 수 있다.

당시 각 민족의 독자성과 고유성, 그리고 이로 인해 비롯된 민요, 신화, 역사에 근거한 민족주의와 민족문화의 발현에 대한 헤르더의 관심과 업적은 유럽 각국에 큰 영향을 미쳤다. 헤르더에 따르면 "자연은 민족을 창조한 것이지, 국가를 창조하지 않았다"고 한다. "국가는 인간의 행복추구를 위한 도구가 아니라, 특정집단의 행복을 위한 도구에 지나지 않는다"는 헤르더의 주장은

민족의식을 일깨운 진정한 발트인 헤르더의 동상

오늘날에도 여전히 유효한 명제가 아닐까?

  그러나 농민 계몽을 선도한 대표적인 인물은 라트비아인 품푸르스Pumpurs였다. 품푸르스는 독립의 의지가 불타오르던 시기에 역사서사시 「라츠플레시스Lāčplēsis」('곰을 찢는 사람'이라는 뜻)를 펴낸다. 신화와 전설을 소재로 라트비아 민족의 기원과 고대의 역사를 남성적이고 웅장한 문체로 표현한 작품이다. 주인공은 선과 악의 대비를 통해 독립과 자유를 위한 전사로 그려지고 있다. 매년 11월 11일은 라트비아 해방전쟁을 승리한 기념으로 '국군의 날'과 '라츠플레시스의 날'로 지정될 정도로 상징적인 의미를 지니고 있다. 이의 영향을 받은 라트비아 최고의 시인이자 극작가 라이니스Rainis는 라트비

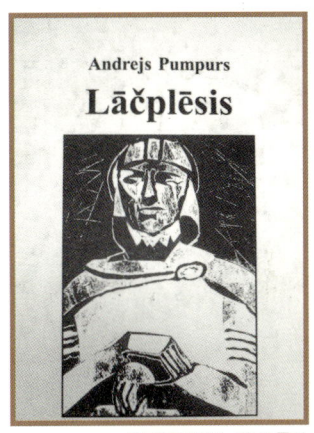

「라츠플레시스」의 책 표지

라트비아의 시인이자 극작가인 라이니스

아의 '파우스트'로 불리는 희곡 『불과 밤』을 펴낸다. 작가는 이에 머무르지 않고 1904년에서 1905년까지 혁명적인 활동과 사회민주주의 운동을 주도하는 등 온몸으로 자유와 독립을 위해 투쟁하였고, 이러한 그의 정신은 오늘날까지 전승되고 있다.

라트비아와 인접한 리투아니아의 살아 있는 전설을 찾아가는 기행 역시 숨겨놓은 놀라움과 기대로 마음을 설레게 한다. 신화와 전설을 바탕으로 그들이 펼치는 공동체의 삶은 21세기라고 해서 다르지 않기 때문이다. 14세기로 역사의 시계를 되돌려 빌뉴스 남서쪽 근처, 당시 수도였던 트라카이Trakai에 들른다. 그림처럼 아름다운 곳, 잠시 넋을 잃는 동안 한 줄기 바람이 당시 사냥터 늑대소리로 바뀐다. 리투아니아 건국의 시조로 받들어지고 있는 게디미나스Gediminas가 네리스 강변에서 하룻밤을 야영하게 되는데, 꿈에 철갑을 두른 늑대가 나타나 울부짖는다. 이 꿈은 새로운 도시의 건설과 명성으로 해몽되었는데, 바로 이곳이 오늘날의 빌뉴스이다. 세종로

리투아니아의 역사적 실존 인물인 게디미나스의 동상

이순신 동상과 닮은 게디미나스 동상이 도심 대성당 광장에 서 있는데, 위압적이다. 내리치는 칼의 모습, 옆에 말을 두고 그 아래에는 하늘을 향해 울부짖는 늑대 한 마리가 오욕의 역사를 일갈하는 형상이다.

  역사적 실존인물의 전설이다. 그만큼 역사의 숨결을 고스란히 간직한 빌뉴스는 크지 않고 보잘 것 없어 보이지만, 구 시가지는 유네스코가 지정한 세계문화유산이며, 세계대전에도 불구하고 피해가 거의 없어 중세의 모습을 고스란히 간직한, 살아 있는 박물관이다. 또한 빌뉴스는 폴란드, 벨라루스, 리투아니아, 유태인 네 민족 모두에게 역사적으로 중요한 의미를 지니는 곳이다. 이전의 역사에서 누렸던 역사적·문화적 기억 탓인지 오늘도 네 민족은 사이좋게 살고 있다.

첫 만남이 마지막이 되어버린
얀 크로스

이처럼 신화와 전설의 나라에서 얻은 새로움은 어떤 민족도 다른 민족보다 우월하지 않다는 교훈이다. 그러나 신화와 전설은 인간 세계관의 가장 원초적인 형태이다. 때문에 서사적 과거의 형태를 지닐지라도 현실로 머물 수 있는 연속성과 가변성의 함의를 지닌다. 좀 더 근원적인 답을 구하려고 발트의 대표적인 작가 얀 크로스를 2004년에 이어 다시 찾아갔다. 그러나 안타깝게도 2007년 12월에 운명했다는 소식. 대신 가족이 전해주는 국가장(國家葬) 행사를 담은 CD 한 장이 4년 전 첫 만남이자 마지막 만남이 되어버린 소중한 기억을 위로한다.

부득불 그때 인터뷰를 회상하는 것으로 보충하자. 발트인의 삶과 역사를 아울러 형상화시키는 크로스의 문학세계는 '불충분한 허구적 역사'를 '있을 수 있는 역사적 허구'로 대체시키고 있다.

여기서 크로스의 역사인식을 되새김해보자. 1986년 11월 9일자 독일신문 〈존타크Sonntag〉와 가진 인터뷰 내용에서, 시간과 공간에서 갖는 역사의 연속성을 확인할 수 있다. "이미 지나가버린 과거라 할지라도 언제 어디서든 현실로 머물 수 있는 시점에 우리가 놓여 있다"는 역사인식을 강조하려는 의도다. 현재와 역사는 서로 겹치면서 공존한다는 지극히 평범한 주장일 수 있다. 그러나 이러한 크로스의 주장에는 평범을 넘어서는 특별한 의미가 담겨 있다. "인간들 간의 관계에서 변화가 강조될 경우에도 갖가지 취향의 변화가 있다. 역사적 소재를 다루거나 그것과 관련을 맺는 자는 마땅히 과거로부터 오늘날까지 이어지는 연속성에 대한 '직감력(Gespür)'을 가져야 할 것이다"라고 말할 정도다. 이처럼 역사를 해석하고 수용하는, 그리고 가변성을 받아들이는 작가의 역사인식은 확고할 뿐만 아니라 자질과 능력에 기초하고 있다.

세계적인 작가 얀 크로스와 인터뷰하는 지은이

크로스의 작품에 나오는 등장인물들은 시간과 공간을 넘나드는 역사적 기억 속에서 살고 행동한다. 그가 현재 땅을 딛고 살고 있는 집, 고향, 그리고 생채기를 않은 영토일지라도 어디든 언제든 역사적 현장의 기억으로부터 무시간성으로 흘러든다. 어떠한 전쟁도, 어떠한 점령도 이러한 기억을 파괴할 수 없다. 다수든 소수든 사람들은 역사적 기억을 그들의 현실적인 삶과 결부할 때에야 비로소 자기의식적인 시민이 된다. 이로써 우선 자신의 나라에서, 그리고 이웃나라들 가운데서, 나아가 유럽에서 안전을 얻게 된다는 신념이다. 그럼에도 불구하고 잊지 않는 부분은, 같은 유럽 회원국이 되는 힘든 과정에서 무엇보다도 '우리 자신, 우리 역사, 우리 땅, 우리 이웃'이라는 인식으로부터 비롯된다고 보는 점이다. 바로 여기에 그들만의 '자유'에 대한 갈망과 '살아남기'를 위한 의식적인 '주체'가 있다.

이러한 점에서 2004년 4월 7일 미국 '로스엔젤레스문학상 Literary Award of Los Angeles' 수상식에서 행한 수잔 손탁의 말이 작가 크로스의 주제와 맞닿아 있다. '왜 문학이 우리의 삶에서 필수적인가?'라는 반문이자 역설이기 때문이다. 문학은 다른 영역과 마찬가지로 지식이며, 문학 자체와 사회에 대해 책임지는 서술방식이라는 인식을 전제하고 있다. "훌륭한 소설가는 형상력, 확고한 언어 및 전문가적 능력을 통해 새로운, 유일한, 개별적인 세계를 창조한다." 실제로 탁월한 작가는 우리들의 의식, 공감, 삶의 지평을 넓혀줄 뿐만 아니라 더불어 도덕적 판단과 정당함 그리고 진실을 환기시켜주기 때문이다. 그 연장선에서 본다면, 18세기 사무엘 존슨Samuel Johnson의 "한 국민의 위대한 명성은 그 나라의 작가에 의해 생겨난다"—『Dictionary of the English Language』의 머리말에서—는 말은 오늘날 21세기에서도 여전히 유효한 것이 아닐까!

그때 나의 물음이었다. "민족과 나라가 존망의 기로에 있을 때나, 핍박과 억압에 시달릴 때나, 시민과 농부들의 자유를 위해, 그리고 열린 세상과 관용을 위해 이정표를 마련한 작품들입니다." 작가의 답이었다. "이 땅에 살아남느냐, 아니면 사라지느냐 하는 상황에서는 늘 깨어 있는, 몸소 실천하는 발트인들이 '있었으며, 있으며, 있을 것이다' 라는 증거와 기록이죠." 생존과 자유를 위한 '저항' 과 '포기' 가 배타적이지만 때론 일상적일 수 있다는 평범한 진실을 위대한 문학가는 환기시키고 있다.

문득 화엄경(華嚴經) 한 구절이 생각난다. "꽃은 꽃을 버려야 열매를 맺고, 강은 강을 버려야 바다에 이른다." 크로스는 발트를 떠났지만, 발트국은 새로운 세상을 영글게 하리라.

얽히고설킨 역사의 실타래

> 덴마크, 독일, 스웨덴, 폴란드와 러시아
> 남의 땅에서 먹고 먹히는 영토전쟁
> 도시는 파괴되고 폭정과 억압에 시달려
> 기근, 질병까지 겹쳐 지난한 고통의 연속

기록에 의하면, 발트국 해안지역에 최초로 등장한 외지인은 중세 저지독일어를 사용하는 북부 독일의 상인과 선교사들이었다. 지금으로부터 약 800년 전 12세기 말, 우리의 역사에서 보면 고려 중기에 속하는 시기다. '독일기사단Deutscher Orden'은—제3차 십자군 원정 때 일명 '튜턴기사단Ordo Teutonicus'으로—한자상인들 행렬에 합류하여 오늘날 라트비아 리가가 위치한 다우가바 강 하구로 여행을 떠났다. 종족별 기원이 각기 다르지만, 발트해 연안에는 기원전 6,000년부터 사람이 살았다고 한다. 그러나 이 지역에 살던 사람들이 오늘날 발트인들의 조상이었지는 아직도 확실하지 않다.

발트해 연안에는 기원전 1,000년경부터 종족의 모습을 갖춘 에스트인과 리브인, 쿠르인, 프루센인, 레트인, 리투아니아인 등 여러 소수민족들이 정착하여 토착민으로 살고 있었던 평화로운 곳이었다. 평화가 상업과 종교라는 이름으로 깨지고, 자유가 정복과 억압으로 짓밟히는 운명의 날들은 식민지 개척의 역사이자 식민지 출발의 역사이기도 하다. 그 모순의 근원을 찾아 발트국 방문에 앞서 먼저 독일 뤼베크로 향했다. 이른바 역사를 거슬러가는 여정이었다.

북부 독일의 작은 도시, 뤼베크

정복과 식민의 역사를 만든 독일기사단이 여정을 시작한 지점이 바로 북부 독일의 작은 도시 뤼베크Lübeck이다. 지금은 인근 함부르크Hamburg보다 작은 소도시로 전락했지만, 발트를 향한 정복 전쟁이 시작된 당시만 해도 뤼베크는 북부 독일의 가장 큰 도시 중 하나였다.

한때는 북부독일의 가장 큰 도시 중
하나였던 뤼베크 거리

베른트 노트케의 그림 「죽음의 무도」가 있는
마리아 교회의 정문과 지붕 모습

늦여름 북부독일의 맑은 날씨는 함부르크~뤼베크 사이의 아름다운 정경을 보여줄 정도로 여유로워 보였다. 이국의 경치가 아름다운 것은 생소하기 때문이며, 근원을 알 수 없는 동경 탓인지도 모른다.

숙소에 짐을 풀고 곧바로 뤼베크의 구 시가지를 걸었다. 중세에 번창했던 한자도시의 명성은 오랫동안 빛바랬지만, 고풍스런 아름다움이 첫인상이었다. 가장 먼저 찾은 곳은 마리아 교회. 이곳에 있는 베른트 노트케Bernd Notke의 그림 「죽음의 무도Totentanz」(1463)를 보기 위해서다. 이 그림은 그만큼 의미가 있다. 2차 세계대전 와중에 폭격과 화재로 소실되기도 했지만, 그나마 복원이 잘 되어 있었다. 그러나 꼼꼼히 들여다본 교회의 역사는 오히려 고통이라는 느낌이다. 높이 치솟은 첨탑 아래 형형

색색 유리창을 통해 비쳐드는 한줄기 햇살이 마침 나무십자가에 못 박힌 예수의 맨발을 비추고 있었다. 아름다움과 아픔의 상호 배반이다.

마리아 교회에 있던 그림 원본의 축소 및 재생본이 약 20년이 지난 다음 당시 레발Reval(오늘날 탈린Tallinn) 리콜라이 교회에 걸리게 된다. 뤼베크와 발트국의 역사적 고리를 간명하게 보여주는 하나의 징표다. 그림은 소위 '마리아 숭상나라'라는 이름 아래 억압과 강제를 자행했던 귀족, 성직자, 지주들에 대해 혹독한 비판을 하고 있으며, 더불어 부지런한 시민들은 죽음으로부터 칭찬을 받는다는 내용을 담고 있다. 화폭은 설교문과 함께 교황, 여황제, 대주교, 왕 등이 춤추는 형식으로 죽음을 보여주고 있다. 우리네 큰 절에서 불이문(不二門)에 앞서 눈을 부릅뜨고 있는 사

「죽음의 무도」 가운데 일부

천왕상(四天王像)의 이미지가 순간 겹쳐 보인다. 그네들이라 해서 다를 바가 없는 종교의 이중성과 위선 아닐까?

뤼베크의 시가지 풍경이 노을에 물드는 저녁, 이내 항구의 가로등 불빛이 밤거리를 유혹한다. 토마스 만Thomas Mann의 옛집도 들르고, 도시의 숨겨진 숨결을 더듬는 가운데 우연히 집시풍의 괴짜 중년 사내를 만난다. 이름을 물었으나 알 필요가 없단다. 사내는 옛 한자도시의 모습을 최대한 기억하고 있는 '선원식당'으로 우리를 안내하였다. 사내의 친절은 우리에게는 행운이다. 현란한 옷차림에 깃털 달린 중절모자를 비스듬히 눌러쓴 사내가 한참 동안 침을 튀기면서까지 뤼베크를 소개할 때마다 낮술에 취한 술 냄새가 좁은 언덕길을 비틀거리게 한다.

식당 손님들과 함께 나누는 이런저런 이야기들은 시간 가는 줄 모르게 이국의 밤을 달구어간다. 역사탐방의 또 다른 맛이다. 항구의 비릿한 냄새와 북부독일 사투리 소음에도 불구하고 탐방자의 시선은 벽에 걸린 옛 상인들의 뱃길을 따라간다. 왜 그들은 이곳에서 머나먼 발트국으로 향했을까? 바다로 이어지는 길도 뭍으로 이어지는 길처럼 상업적인 부와 종교를 앞세운 인간의 헛된 욕망이 죄악이라는 걸 몰랐을까?

뤼베크의
홀스타인 쌍둥이 문
(Holstein Tor)

발트국의 정복자
독일기사단

여기서 독일기사단을 알아볼 필요가 있다. 십자군 시대의 3대 종교기사단 가운데 하나로 일명 '튜턴기사단' 이라고도 한다. 독일기사단은 1190년 제3차 십자군이 아콘 Akon(Akko)을 포위하였을 때 뤼베크와 브레멘 시민들이 부상병 구호를 위해 세운 병원에서 기원한다. 이것이 '템플기사단', '요한기사단' 과 함께 성지방위를 담당하는 종교기사단으로 변모하여 1198년에 교황의 승인을 얻는다. 흑십자 휘장에 백색 망토를 입었던 이들은 의료행위 외에 이교도와 싸우는 임무까지 맡아 독일 황제와 제후들로부터 광대한 영토를 기증받는다.

좀 더 자세하게 살펴보자. 당시 교황이었던 '이노센트 3세' 는 발트지역을 개종하기 위해 독일기사단을 오늘날 라트비아로 보내 리브인들의 정착지였던 리가에 교구를 설립한다. 이에 이 땅을 지키기 위한 라트비아인들의 피 흘리는 투쟁은 수십 년간 지속된다. 독일 브레멘 출신 알베르트 폰 북스헤브덴Albert von Buxhövden은 리가의 주교가 되어 독일기사단의 도움으로 리브인, 라트갈레인과 다른 토착민족을 강제로 개종시키고, 동시에 1201년부터는 리가에 도시를 건설하기 시작한다.

그러나 이러한 도시 건설은 정복의 시작을 알리는 신호에 불과했다. 그들은 차츰 세력을 펼쳐나갔다. 오늘날 러시아 영토에 속하는 칼리닌그라트Kaliningrad이자 옛 동프로이센의 수도 쾨니히스베르크Königsberg 주변 지역에는 원주민인 '프루센Prussen' 인들이 살고 있었다. 그러나 11세기 무렵부터 폴란드의 지배를 받게 되자 자주 반란을 일으켰다. 때문에 1226년에는 폴란드 마조비엔Masowien 공(公)이 독일기사단을 초치하여 프로이센Preussen(프러시아Prussia) 지역의 개척과 포교 임무까지 맡게 되었다. 이들은 언어적으로는 특수한 발트어족에 속한다.

마침내 독일기사단은 이 지역을 정복하고 도시를 건설하는 등 독일화에 박차를 가했다. 나아가 에스토니아를 아우르는 리브란트(리보니아)를 만들고, 독일인을 불러들여 도시를 발전시키는 한편 항구를 만들고 그곳에 남아 귀족생활을 누린다. 이어 1282년 리브란트의 수도였던 리가는 '한자동맹Hansestädte' 의 회원도시로 승격된다. 그러나 북스헤브덴 주교는 리브란트의 기사단인 '검우기사단Schwertbrüder Orden' 을 창설하여 이교도에 대한 강

기독교의 강제화에 부딪친 이교도 리브리인들이 십자군 기사단과 대척하는 그림 (GEO special, Nr.4, 2007)

압적인 정복을 계속한다. 이후 검우기사단(劍友騎士團)은 독일기사단에 통합됨으로써 사라지게 되지만, 이 시기는 독일기사단이 맹위를 떨치던 시기이기도 했다. 토착민들은 그리스도교가 득세하지 못하게 저항하면서, 끝까지 토속 신앙과 성령에 대한 믿음을 버리지 않았다. 그러나 한편으로 칼을 앞세우고 다른 한편으로 종교적 사명감으로 위장한 정복자 독일기사단은 수단과 방법을 가리지 않았다. 그때부터 리브란트의 수도 리가는 부와 발전을 이루지만, 라트비아인들은 독일인들의 농노로서 수백 년간 그들의 학정에 신음하게 된다.

외형상 덩치가 커진 이들의 활동 중심지는 프로이센 지역으로 옮겨져 1309년 마리엔부르크Marienburg에 본부를 설치하고, 각지에 성새도시(城塞都市)를 축조하면서 무력에 의한 강제개종과 집단식민을 기본 방침으로 독일인 세력을 확장시켰다. 14세기까지는 이들의 전성기였으나, 15세기 폴란드와 벌인 탄넨베르크Tannenberg(폴란드; 그룬발트Grunwald, 리투아니아; 잘기리스Žalgiris) 전투에 패배하면서부터 영지 대부분을 잃고 폴란드왕의 종주권 아래에 놓이게 된다. 종교개혁 시기에는 기사단 영지 거의 모두가 세속영주에게 양도되고, 단원도 프로테스탄트와 가톨릭으로 분열한다.

끊임없는 주변국의
침략과 수탈

　　　　　이런 와중에 러시아가 독일기사단의 영토를 얻으려고 힘을 기울인다. 1561년, 리브란트 기사단은 패배하고, 이어진 폴란드-리투아니아-스웨덴 대 러시아 간의 '리브란트 전투'(1558~1583) 결과, 오늘날 라트비아 영토는 분할되어 스웨덴이 라트비아의 북부를 차지하게 된다. 반면 쿠르제메Kurzeme와 젬갈레Zemgale 지역에는 폴란드의 독자적인 지배하에 공국(公國)이 건설되고, 리가는 리투아니아-폴란드 연합국의 왕이었던 스테판 바토리Stefan Batory에게 그 통치권을 넘겨주어 폴란드의 주요 항구로 변모한다. 반면 1809년까지 잔존한 가톨릭계 기사단도 교회재산 국유화로 영지가 몰수되면서 소멸된다. 그러나 중세 독일 발트문화의 독자적인 발전에 많은 영향을 미쳤을 정도로 이 기사단의 문화적 의미는 대단히 크다고 할 수 있다. 이곳의 중세문화를 다루기 위해서는 별도의 연구가 필요하겠지만, 어디까지나 영토전쟁은 전쟁의 속성을 띠었을 뿐이다.

순서대로 풀리지
않는 역사

　　　　　얽히고설킨 실타래는 순서대로 풀리지 않는다. 그것이 역사라면 더욱 그렇다. 누구의 관점이냐, 어느 나라의 역사에서 보느냐, 정복과 지배를 기준하느냐 아니면 문화적 시각이냐에 따라 달라지기 때문이다. 굳이 부연설명이 필요하지 않으리라 본다. 나의 역사탐방은 현실을 기준하면서, 외국인의 시각이기 때문에 오히려 자유로울 수 있어 그나마 다행이라고 생각했다. 그렇지만 중복되는 서술의 한계는 '글 쓰는 이'라고 해서 자유롭지 못하다.

　　1346년 독일기사단은 덴마크로부터 북부 에스토니아를 사들여 획득하였다. 즉 오늘날의 라트비아와 에스토니아 전 지역이 독일기사단에 복속되었다. 이로써 리브란트(리보니아)는 독일 종교인과 토지 소유자가 관리하게 되었다. 성모 마리아의 나라, 아니 독일인이 건설한 '리브란트'는 신성로마제국의 일원이 되지만, 종교개혁의 확산으로 위력은 쇠약해진다. 결국 16세기 중반 구 리브란트는 몰락하고 만다. 25년 동안 모스크바공국, 덴마크, 스웨덴, 폴란드-리투아니아 연합이 리브란트를 놓고 치열한 싸움을 벌였기 때문이다.

좀 더 자세하게 살펴보자. 1558년 이곳의 지배권을 둘러싼, 러시아의 황제 이반 4세가 발트해 진출을 꾀하기 위해 벌인 '리브란트(리보니아) 전쟁'의 결과 독일기사단 왕국은 에스토니아(Eesti; Estland), 리브란트(Livinija; Livland), 쿠르란트(Kurzeme; Kurland) 등으로 분할된다. 운명의 날들은 역사라는 이름으로 정복과 패망의 기록만 남길 뿐인가? 그러나 북부 발트의 지배권을 둘러싸고 벌어진 '리브란트(리보니아) 전쟁'에서 결과적으로 러시아는 실패했다. 마침내 폴란드, 스웨덴과 각각 강화조약을 맺고 정복지 대부분을 돌려준다. 이후 루터파 교회와 학교를 세우고 선정을 베푸는 등 발트에는 얼마동안 평화가 지속될 수 있었다.

이 시기에 특기할 점은 1561년 '지기스문트 아우구스트 황제의 특권privilegium sigismundi augusti'에 따라 독일어 사용, 독일 사법권, 독일 학교 및 교회, 신교 신앙에 대한 권리가 법적으로 부여된 것이다. 이로 인해 중세 이래 발트국은 그 정치적 소속이 어디이든 문화적 주도권은 늘 독일발트인이 가지고 있었으며, 이

에스토니아의 유서 깊은 대학도시 타르투의 시청 앞 거리

러한 상황은 19세기까지 이어진다. 해서 발트3국의 중요 문서보관서, 국립중앙도서관은 물론 대학도서관 등에는 발트국의 역사적 기억을 담은 기록물이 거의 독일어로 되어 있다. 물론 대부분 옛 독일어 철자인 '프락투어 Fraktur' 체로 인쇄되어 있다.

   연구를 위한 자료를 열람하고 복사하기 위해서는 별도의 허가와 안내가 따라야만 가능했는데, 이 자리를 빌려 그들에게 고마움을 전한다. 너무나 소중하게 기록을 보존하는 그들의 진지함에 경의를 표하고 싶을 정도였다. 물론 숱한 전쟁을 통해 주요 문화재의 소실, 유실과 약탈도 많았지만, 그러나 기억과 기록은 소수의 선각자들에 의해서만 가능했으리라. 우리네 중요 문화재 가운데 역사적 기록물들이 현재 일본이나 미국, 프랑스의 도서관 등에서 방치된 채, 아직도 후손의 손에 전해지지 않고 있는 현실을 떠올리게 된다.

중세 이후 지난했던
민중의 삶

  다시 16세기 중반 발트의 현장으로 돌아가 보자. 그 때는 마치 일제강점기 '3·1 독립운동' 이후 조선통치를 떠올리게 하는 유화정책과 강압정책이 병행된다. 그 가운데 도르파트Dorpat(오늘날 타르투Tartu)에 스웨덴 왕 구스타프 아돌프Gustav Adolf가 칙령을 내려 처음으로 대학을 세운다. 1632년의 일이다. 당시의 흔적을 찾아 타르투에 들른다. 대학건물이며 대학의 설립자인 구스타프의 동상이 인상적이었다. 오후의 따사로운 햇볕에 드러나는 캠퍼스 정경은 한 폭의 수채화를 연상하게 했다. 시내를 가로지르는 '에마으기Emajõgi' 강을 따라 걷는 동안 19세기 이후 민족자각운동을 이끌었던 선각자들이 환영처럼 스쳐 지나간다.

  여기까지만 살펴보아도 무슨 역사가 이렇게 복잡한지 모를 지경이다. 자료가 많은들 무슨 소용이 있는가? 그나마 큰 전쟁이나 사건을 정리하더라도 여전히 정복지와 관할하는 지형의 변천은 뚜렷한 시기를 가름할 수가 없을 정도이다. 그렇지만 간단하게 정리해보자. 에스토니아는 1561~1710년 동안 스웨덴에, 리브란

타르투(도르파트)
대학의 정문

타르투 대학의
설립자인 스웨덴 왕
구스타프 동상

트는 1561~1621년 동안은 폴란드-리투아니아 연합에, 이후 1621~1710년 동안 스웨덴에, 그리고 쿠르란트는 1562~1795년 동안 폴란드 영주 통치하에 놓여 있었다. 이러한 영토쟁탈전은 16세기 중반부터 근 200년 가까이 끊임없이 계속되었다. 예를 들어, 발트국의 대표적인 도시인 오늘날의 리가 역시 몇 번에 걸쳐 정복자 이름이 바뀌는 와중에 살아남은 얽히고설킨 역사적 아픔을 고스란히 담고 있다.

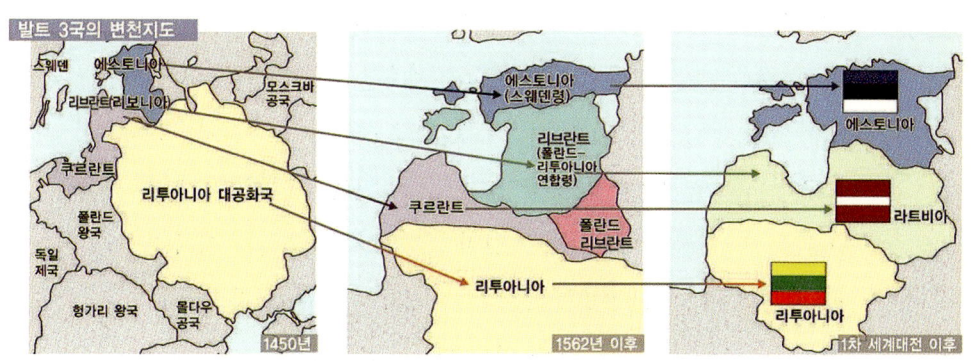

15~16세기를 거쳐 20세기 초까지 변천된 발트3국의 지도 ⓒ부산일보

정복자들의 야욕으로 인한 오랜 전쟁을 거치면서 도시는 파괴되고, 대지는 피로 물들고, 삶의 터전은 황폐화되고, 이어진 기근과 질병으로 숱한 인명이 목숨을 잃는 가운데서도 외세의 폭정과 억압은 더욱 심해졌다. 발트의 삶은 이처럼 고단했다. 끊임없는 수탈과 침략이 민중의 삶을 지난하게 짓밟았다. 그리고 그 수탈의 역사는 또 다시 근대로 이어졌다. 끝없는 수탈……. 이것이 중세 이후 발트국의 실제 상황이었다면, 우리는 이를 과연 믿을 수 있을까? 이 세상 어디에도 이토록 파란만장하고 가혹한 지옥은 없었을 것이라는 생각이 이번 역사탐방에서 느낀 비통함이다.

어떠한 명분의 전쟁이든, 정복자의 욕심이든, 거기에는 또 다른 욕망이 숨겨져 있기 마련이다. 앞서 언급했듯이 마침내 리가를 중심으로 한 리브란트 전역에 대해 독일인들이 실질적인 지배권을 갖게 된 시기로 되돌아가 보자. 당시 상업적인 교류가 활발해지면서부터 리가, 레발(탈린), 도르파트(타르투), 빌란디, 페르누 등이 '한자동맹'에 가입한 이후 리브란트는 번영을 구가한다. 오늘날 '자유무역협정Free Trading Agreement'에 해당하는 중세 한자동맹은 역사적 변천과정을 통해 오늘날 화려하게 부활했다. 최근 해마다 한자도시들의 축제가 돌아가며 열리고 있다는 보도에서 역사의 아이러니를 느낀다.

한자동맹은 13~17세기 중반에 걸쳐 독일 북쪽과 발트해 연안에 있는 여러 도시 사이에서 이루어졌던 연맹이다. 주로 해상교통의 안전을 보장하고, 공동 방어와 보호는 물론 상권확장 따위를 목적으로 했다.

600년 이상
자리를 지켜오고 있는
탈린의 구 시청 건물

탈린의 중심에 서 있는
토옴페아 성 일부

군인들이 성 아래 가옥의
부엌까지 훔쳐보았다는
감시탑 '키에크 인 데 쾨크'

'키에크 인 데 쾨크'에서
본 니콜라이 교회

'키에크 인 데 쾨크'에
진열되어 있는 당시의 대포

중세의 기억을 고스란히
간직하고 있는 탈린

　　　　　한자도시를 따라 시간과 공간 이동을 한 오늘의 탈린은 중세의 기억을 잘 간직하고 있다. 그들의 저항이 바다로 향했던 곳에 정복자들의 증거물들이 오늘을 버티고 서 있다. 탈린의 구 시청 건물은 북유럽 고딕양식으로, 600년 이상 그 자리를 지켜오고 있다. 이처럼 토옴페아Toompea 성에 올라 아래로 내려다본 탈린은 너무나 역설적인 아름다움이다. 특히 주목을 끈 것은 기념탑이다. 탑의 이름은 중세 고지독일어인 '키에크 인 데 쾨크Kiek in de Kök'로 중세의 암울한 기억을 고스란히 간직하고 있는데, 포대 진지의 창을 통해 "군인들이 성 아래 가옥의 부엌까지 훔쳐볼 수 있다"는 뜻을 갖고 있는 감시의 탑이다. 방어, 공격, 고문, 처형의 기구들로 채워진 이곳의 역사적 유물은 오히려 당시를 되살리는 아픔의 증거물이었기에 바깥 풍경이 더욱 아름답게 보이는지도 모르겠다.

　　15~17세기 중세 주거지역의 모습을 어렴풋이 간직한 이곳에서 잠시 눈을 감으면, 시나브로 탈린의 '과거'가 떠오른다. 성벽을

따라 걷는 좁은 돌밭 길은 탈린의 역사를 고스란히 느낄 수 있을 정도로 고즈넉하다. 그 고즈넉함도 잠시, 수백 년 전 짐을 가득 실은 독일 무역상들의 마차 끄는 소리가 들려온다. 마차를 따라 중세 길드거리에 들어선다. 중간쯤인가, 옛 건물 벽에 '국립문화유산' 의 표시만이 현재를 알릴 뿐, 반 지하를 겸한 얕은 건물 여기저기서 금방이라도 '검은머리' 길드회원들이 우리를 맞이할 것 같다. 마침 밤이라 가로등 붉은빛이 돌밭 길 위에 작은 원을 여러 개 만들어놓는다. 묘한 느낌을 주는 원은 마치 타임머신을 타고 가는 비행체 같다. 그 비행체를 타면 길드의 수호신 모리셔스 출신 흑인 성인도 만날 수 있을까. 그를 만나러 가는 징검다리처럼 느껴지는 기분은 한마디로 야릇함이었다.

'국립문화유산' 의 표시

  탈린은 그랬다. 감시와 포섭의 중세를 오롯이 기억했다. 빛바랜 역사의 흔적들이 아니었다. 이곳도 치열한 전쟁터였다. 독일 기사단은 당시 리가에서 북진을 거듭했지만, 끝내 이곳을 점령하진 못했다. 한편으로 탈린을 기독교하려는 독일기사단뿐만 아니라, 다른 한편으로 러시아, 스웨덴 사이에서도 이곳을 차지하려

중세의 모습이 온전히 보존되어 있는 탈린의 길드 거리

는 욕구가 강렬해지자 이들의 남진을 막기 위해 독일은 덴마크를 끌어들였다. 북스헤브덴 주교는 덴마크 왕 발데마르 Waldemar와 연합하여 탈린을 먼저 공격하였다. 그러나 이곳 주민들의 반발은 극렬했다. 전설에 의하면, 발데마르가 철수할 지경에 이르렀을 때 가운데 하얀 십자가가 그려져 있는 빨간 깃발이 하늘에서 발데마르의 손으로 떨어졌다고 한다. 결국 신의 뜻으로 탈린을 정복하였다는 것이다. 그 치열한 전쟁은 또한 잊지 못할 전설이 되었다.

전설이 먼저인지, 역사가 먼저인지 알 수는 없다. 하지만 당시 역사가 탈린의 편이 아니었던 것은 분명하다. 현재 그 깃발이 덴마크 국기로 사용되고 있다니,

덴마크 국기

유럽인들의 정복욕과 야만성은 다른 유럽 나라라 해서 예외가 없었던 것 같다. 1346년 독일기사단이 덴마크로부터 약 4.5톤의 은을 대가로 지불하고 사들일 때까지 북부 에스토니아는 덴마크의 정복지였다. 그래서 지명 '탈린'도 '덴마크인의 도시taani linnus'라는 뜻이다. 그러나 덴마크인과 독일인들의 진출은 이후 700년 동안이나 지속된 외정의 서막에 불과했다.

그럼에도 탈린은 과거를 함부로 삭제하지 않는다. 그것들이 지명이든 인명이든 과거를 탓하지 않는다. 오히려 보존하고 기억하기를 갈망한다. 왜 그럴까? 지운다고 지워지지 않을 과거는 기억의 문제가 아니다. 잊지 못할 과거가 있다면, 그것은 앞으로 다시는 되풀이되지 말아야 할 '미래'라는 것이 탈린 시민들의 생각이다. 보존함으로써 상기해야 하는 현재가 과거를 되살릴 수 있는 유일한 지표이기 때문이기도 하다. 우리가 역사적 징표나 기억의 아픔을 제대로 남기고 보존하지 못하는 이유는 무엇일까?

탈린에는 몇 개의 한국식 식당이 있다. 식당을 운영하는 사람들은 구 소련이나 동유럽에 거주했던 고려인 3세들이다. 중앙아시아의 카자흐스탄, 키르기스스탄, 우즈베키스탄, 연해주나 간도 등지에서 이곳으로 이주, 정착하여 살고 있지만, 우리말이 타국

문화 속에서 어떻게 변천되어 가는지를 확인할 수 있을 정도로 낯선 우리말이기도 했다. '안녕'이 '안눙'으로 바뀌어 들린다. 떠도는 해외 한민족의 잊혀져가는 언어의 실상이다.

'살아남기' 위한 약소국의 애환

> **❝** 당근과 채찍의 회유책에도 굴하지 않고
> 고유의 민속, 민요, 언어를 계승
> 민족 정체성 꿋꿋하게 지켜
> 1991년 구 소련으로부터 독립을 쟁취

토속 문화가
존속하는 까닭

　　　　　　토속적인 민속문화가 외세의 지배와 탄압에도 불구하고 존속되는 데는 그만한 바탕을 갖고 있다. 이를 알아보자. 발트국 가운데 가장 북쪽에 위치한 에스토니아는 대부분의 땅이 평지인데, 절반은 산림으로 덮혀 있고 약 1/4은 습지로 덮혀 있다. '숲, 평원, 호수' 의 나라이다. 기후는 대륙에 접해 있어 겨울이면 차고 습하다. 나라 전체가 3개월 가량 눈으로 뒤덮힌 겨울은 북국의 전형을 보여주기에 충분하다. 그러나 봄과 여름은 날씨와 기후가 겨울과 크게 대비될 만큼 아름답고 온화한 때가 계속된다.

이러한 국토와 계절의 변화는 가족문화, 사랑, 신화 등을 소재로 한 구전(口傳), 민속노래, 시, 찬가들이 국가주의라는 이름으로 외세가 에스토니아를 유린하기 전부터, 그리고 그 이후에도 풍부하게 자신들만의 독특한 문화를 일구는 주요한 역할을 했다. 에스토니아 건국서사시를 저술한 크로이츠발트F. R. Kreutzwald, 페르누에서 타르투(도르파트)로 활동무대를 옮겨 최초로 극단을 결성한 얀센J. V. Jannsen, 민족시인 코이둘라L. Koidula, 민족운동을 이끈 야콥손K. R. Jakobson 등은 대표적인 선각자들이었다.

그러나 이 선각자들의 이름이 대부분 독일식이다. 궁금해서 물었다. 비록 어쩔 수 없이 강요받은 독일식 이름을 가지게 되었지만, 그들은 순수 토착인이라고 몇 번이나 강조한다. 오늘날 인명은 제자리를 찾은 것처럼 보인다. 일제강점기 창씨개명을 떠올리게 하는 부분이다. 일찍부터 서구문화를 신봉했던 일제의 습성도 따지고 보면 유럽의 아류에 속하는 것이리라. 허나 정작 우리도 고유의 성(姓)을 갖고 있기는 한가? 중국인의 성(姓)을 조상 대대로 사용하고 있는 것 아닌가. 우리 역시 약소국의 애환을 여전히 간직하고 있는 셈이다.

그렇지만 세상은 바뀌기 마련이다. 민족정신을 기리기 위해 노력할 뿐만 아니라 민족의 혼을 일깨우기 위해 1869년 이곳에서 최초로 통합 에스토니아 음악제가 개최된다. 지금까지 140년 전통을 이어가고 있으며, 타르투는 20세기 초 러시아 혁명의 물결이 거세던 시대 '젊은 에스토니아Noor Eesti' 라는 문화개혁 운동의 중심 역할을 했다. 또 타르투는 19세기 말부터 학교, 관공서, 행정제도, 언어사용 등에서 러시아화와 산업화가 한창일 때 자신들의 정체성을 새롭게 일구기 시작한 곳이기도 하다. 그러한 민족운동의 성지 타르투가 오늘따라 한가롭기만 하다.

역사탐방에서 자주 겪을 수밖에 없는 곤란한 일은 과거의 끈을 가끔 놓쳐버린다는 점이다. 놓쳐버린 과거를 찾아 다시 18세기 초

에마으기 강에 맞닿아 있는 타르투 시청 앞 거리

로 되돌아가 보자. 리브란트인과 에스토니아인에게도 '북방전쟁 Nordischer Krieg' (1700~1721)—발트지역을 둘러싼 러시아와 스웨덴 사이의 패권전쟁—이 기다리고 있었다. 평화도 잠시, 21년에 걸친 스웨덴과 러시아 간의 전쟁은 발트지역을 황폐화시켜버렸다. 거대한 쓰나미가 모든 것을 훔치고 지나간 것처럼 발트지역은 아수라장으로 변해버렸다. 결국 '니스타드조약Vertrag von Nystad'에 따라 러시아는 점령 중인 핀란드를 반환하고, 200만 탈레르를 지불하는 대신 리브란트와 에스토니아 등 일부 영토를 차지함으로써 발트 해안으로 진출하려는 숙원을 마침내 이루고야 말았다. 이로써 스웨덴은 그간 지켜온 북유럽 패자의 지위를 상실했다.

그러나 러시아 점령지 속의 '독일지방'이 된 리브란트와 쿠르란트의 독일인 귀족, 지주와 기사계급은 특권을 보장받았다. 그들은 자신의 도시와 영토에서 자치권을 행사할 수 있었다. 사회의 모든 활동은 독일어를 기반으로 했다. 그러나 이를 그냥 둘 러시아가 아니었다. 1차 세계대전 중 독일군에게 점령당했으나 1918년 민족자결 주장에 따라 라트비아와 에스토니아가 건국됨으로써 '리브란트(리보니아)'라는 명칭은 지도상에서 영원히 사라져버렸다. 이곳에 있는 무역 거점을 차지하기 위해 치열한 싸움을 벌여왔던 독일, 리투아니아-폴란드 연합국, 스웨덴, 재정러시아. 그 싸움터 한가운데 놓인 약소국 리브란트는 결국 희생당하고 말았다. 누가 이를 기억해야 하는가?

대제국으로 흥망성쇠한 리투아니아

그러면 리투아니아는 어떻게 되었을까? 여기서 우리는 리투아니아의 역사가 인접한 라트비아와 확연히 다르다는 점에 유의해야 한다. 역사의 운명은 어느 누구도 절대강자의 노릇을 오래하도록 내버려두지 않았기 때문이다. 새로운 강자는 바로 '리투아니아-폴란드' 연합국이었다. 또 하나의 발트국 운명이다. 폴란드 역사가 얀 드우고시 Jan Dŕugosz에 의하면, 로마 황제 네로의 학정을 피해 로마를 탈출한 팔레온 Paleon 가문의 후손들이 리투아니아를 건설했다고 한다. 1386년 2월 15일 리투아니아의 대공 요가일라 Jogaila는 크라카우 Krakau에서 세례를 받은 지 3일 만에 폴란드 왕족 야드비가 Jadwiga의 어린 여왕과 결혼함으로써 연합국이 되었다. 이를 계기로 리투아니아는 15세기 중반 유럽의 역사를 좌우하는 대제국으로 성장하였다. 그때의 국경이 모스크바 가까이까지 그리고 발트해와 흑해까지 확대됐다고 한다.

폴란드 왕가와 함께한 인적연합은 이교도인 리투아니아인들에게 로마가톨릭을 받아들이게 했다. 반면 리브란트 독일기사단은 리투아니아의 영토를 원했다. 그러나 1410년, 비타우타스Vytautas 대공은 이를 격퇴시킨다. 비록 비타우타스의 통치가 폴란드 왕의 사촌이기도 한 요가일라의 권력으로 이루어지긴 했지만, 리투아니아 왕국은 폴란드 왕국과 긴밀하게 결속되는 걸 원하지 않았다. 그러나 요가일라가 죽고 난 후에는 리투아니아에 대한 폴란

15세기 대제국으로 성장한 리투아니아-폴란드 연합국 지도

드의 본격적인 지배가 시작되었다. 폴란드어가 행정문서와 문학에 도입되었고, 귀족들은 폴란드의 관습과 풍습에 응해야 했다. 오늘날에도 빌뉴스 인구의 약 20%가 폴란드인이다. 뿐만 아니라 아직도 많은 폴란드 사람들은 수도 빌뉴스를 폴란드 영토로 생각하고 있을 정도이다. 역사적 실체였던 '폴란드 제국주의'가 우리한테는 생소하기만 하다.

18세기 말 폴란드-리투아니아 연합제국은 이웃 강대국들에 의해 분할되고 말았는데, 이때 리투아니아는 러시아 황제의 소유가 된다. 이것도 발트국의 운명이라 해야 하나, 참으로 얄궂은 약소국의 희생은 그 끝이 보이지 않는다.

1812년 6월 28일, 전격적으로 나폴레옹은 강력한 60만 군대를 이끌고 빌뉴스에서 러시아로 진군한다. 시민들은 프랑스 황제를 화려하게 환영했다. 러시아의 몰락을 간절히 원했기 때문이다. 그러나 6개월 후 군대가 빌뉴스로 되돌아왔을 때, 살아남은 군인의 수는 고작 3만 명, 전체 군인의 5%에 불과했다. 나폴레옹은 빌뉴스를 사수하라는 명령을 내리고 파리로 가버렸다. 굶주리고 병든 수많은 병사들은 도시의 거리로, 영원히 다다를 수 없는 고향 길로, 황량한 들판으로 내몰렸다. 때는 12월, 기온은 영하 36도까지 내려갔다. 추위와 공포 속에서 군인들은 나무에 기대어 잠들거나, 선 채로 얼어 죽었다. 3일 후 살아남은 군인은 거의 없었다. 고국으로 돌아가는 길이 저승길이자 묘지가 되었다.

최근에 나오는 보도에 따르면, 당시 빌뉴스 근교에 대량으로 묻힌 나폴레옹의 군인들 시체가 일부 발굴되었다고 한다. 근 200년 동안 동토에 잠들었던 이름 모를 그들을 누가 무엇으로 기려야 하는가? 저주받은 하늘은 비탄과 슬픔으로 가득 찼으며, 죽지 못해 살아남은 그들의 발밑은 바로 지옥이었으리라. 꽃다운 젊은

1812년 빌뉴스에서 나폴레옹 군대가 퇴각하는 모습 (GEO special, Nr.4, 2007)

'살아남기' 위한 약소국의 애환

이들의 망령은 여태까지도 고국과 가족의 품에 이르지 못하고 낯선 이국땅을 배회했으리라. 정복자들의 희생물인가, 역사의 부유물인가. 그것만으로도 모자랐던 저주의 역사인가. 그로부터 130년 후 히틀러의 군대처럼, 역사상 많은 정복자들의 야욕이 함께 묻혔던 곳이 바로 발트의 땅이다. 그러나 현실은 평온하다 못해 냉정함을 잃지 않는 것 같다.

라트비아의 수도 리가 시청 광장에 세워진 롤란트(Roland) 동상과 성 페터 교회

한자도시의 영광을
간직한 리가

발트의 모든 길은 리가로 향하고 있다. 빌뉴스와 리가는 직선에 가까운 도로로 연결되어 있다. 아니 리가로부터 출발하고 있다. 둘 다 맞는 말이다. 부챗살처럼 주변국 도시들과 잘 연결된 도로망을 가지고 있다. 한자동맹의 중심도시로서 옛날의 번영이 뻗쳤던 길의 역방향이다.

그러나 한때는 리브란트(리보니아)의 수도였고 오늘날에는 라트비아의 수도인 리가 또한 아픔을 고스란히 간직한 채 정복자의 흔적을 시내 곳곳에 품고 있다. 당시 리브란트를 누가 정복하느냐에 따라 하루아침에 국적이 독일, 폴란드, 스웨덴, 러시아로 바뀌는 기구한 운명의 땅이었다. 그로 인해 리브란트는 만신창이가 된다. 피 흘리는 투쟁과 농노로서 학정에 시달리며, 영토는 갈기갈기 찢어졌다. 땅은 황무지로 변했다. 지금의 리가에는 아직도 리브인들의 숨결이 남아 있다. 관광도시 '시굴다Sigulda'로 가우아Gaua 강을 사이에 두고 자신들의 지역을 지키기 위해 수많은 싸움을 치렀던 곳이다.

19세기에 접어들면서 이곳은 다른 양상으로 바뀐다. 러시아는 회유책으로 리가에 대한 농노제 폐지를 신인했다. 이는 아직 본국에서도 시행하지 않은 조치였다. 그러나 러시아가 식민화를 더욱 강화시키는 이 시기가 오히려 라트비아의 민족의식을 발현시키는 계기가 된다. 발데마르스Valdemars, 바론스Barons에 의해 민속과 민요가 부활하고, 크론발즈Kronwalds, 칼닌스Kalniņš의 창작활동으로 라트비아인들은 자신들의 정체성에 대해 깨닫기 시작한다. 그러나 전염병과 기아에 허덕이는 등 생존을 위한 몸부림은 처절할 정도였다. 최악에 다다른 생존 조건과 러시아의 압제에 분개한 농민들이 수차례에 걸쳐 반란을 일으켰지만, 그때마다 무참하게 진압을 당했는데 때로는 독일인 지주까지 진압에 가세하기도 하였다.

벽면을 금수탉으로 장식한 리가의 한 카페

탄압과 통제 속에서 발현하는
문화적 정체성

이러한 시기를 거치면서 발트3국의 자의식과 민족의식은 새로운 양상으로 펼쳐지게 된다. 앞서 언급했듯이, 1869년 800여 명의 가수와 만 명의 관중이 참가한 제1회 전 에스토니아 노래축제가 도르파트(타르투)에 열리고, 그 4년 후 라트비아 리가에서도 비슷한 축제가 열렸다. 노래하는 연합은 곳곳에 생겨 노래를 통해 스스로 감당하기 어려울 만큼의 울분을 표현했을 뿐만 아니라, 끊임없이 새로운 민족감정을 표출했다. 이때 처음으로 라트비아와 에스토니아 문학인들은 자신들의 언어로 작품을 썼다. 지식인은 물론 젊은 대학생들도 자기 나라 언어로 신문을 발행하고, 오래된 독일의 문화적 지배를 매도하기 시작했다.

그러나 더욱 강력한 반대 활동은 러시아 페테르부르크 정부의 신민족운동으로부터 비롯되었다. 1880년대 들어서자 거의 모든 학교에서는 러시아어로 수업을 하게 되었으며, 법원 역시 러시아식으로 진행되었다. 사회제도의 변혁은 물론 종교마저 억압과 탄압의 대상이었다. 러시아 정교회는 정부의 원조로 대대적으로 세력을 뻗쳤다. 현재도 발트국을 방문해보면, 곳곳에 이러한 흔적이 남아 있을 뿐만 아니라, 엄연하게 종교적 지위가 확보되어 있음을 확인할 수 있다.

특히 리투아니아 지역에서 러시아화가 가혹하게 진행되었다. 1864년에 이곳에서 라틴어나 독일어로 책을 인쇄하는 것이 금지되었을 때, 동프로이센 출신 책 운반자들이 금지된 작품을 밀수로 들어오기라도 하면 영웅 대접을 받았다. 그 정도로 문화적 탄압이 극에 달했던 것이다. 그러니 탄압과 통제는 자유와 독립을 위한 필요악인가, 참으로 모를 일이다. 동서고금을 통해 보더라도 험난한 시기, 고통과 탄압의 시기에 유명한 사상가가 나타나고 문화와 예술이 꽃피곤 하는데, 이 역설을 어떻게 해석해야 하는가.

그러나 시대는 바뀌기 마련이다. 도도한 역사의 물결은 인위적으로 일시 주춤거리게 할 수는 있으나, 그 흐름 자체를 거부하지는 못하는 것이 순리이다. 20세기 초, 1918년 2월 24일 에스토니아는 1차 세계대전 중 짧은 권력공백기를 이용하여 에스토니아 자유공화국을 선포하고, 라트비아와 리투아니아도 전쟁이 끝날

쯤 독립을 선언한다. 이 신생국가들의 탄생은 그들이 자유를 위해 투쟁한 결과였다. 마침내 1920년 소비에트연방은 에스토니아, 라트비아와 리투아니아의 독립을 승인했다. 그러나 과연 진정한 독립과 자유가 주어질 수 있을 정도로 이들은 힘을 길렀을까. 이어지는 전쟁의 소용돌이는 끊임없이 불안을 만들어내었다.

순진한 민주주의는 오래 가지 못했다. 우리네 4·19 혁명을 떠올리게 되는 대목이다. 나폴레옹이 몰락한 후 왕정복구가 일어났던 것처럼 우리도 군사독재로 이어지지 않았던가. 이들도 마찬가지였다. 1926년 리투아니아에서는 군부가 쿠데타를 일으켰고, 스메토나Antanas Smetona가 독재자의 자리에 올랐다. 1934년 에스토니아에서는 패츠Konstantin Päts가 계엄령을 선포하였으며, 라트비아에서는 울마니스Kārlis Ulmanis가 쿠데타로 권력을 손에 넣었다. 세 나라 모두 권위주의 체제를 세웠던 독재자의 통치하에 놓이게 되었다. 그러나 그것마저도 오래가지 못한다. 설상가상이 딱 들어맞는 말이다. 2차 세계대전의 소용돌이 휩싸이게 되는 것이다.

또 다른 역사적 소용돌이는 독일에 의해 일어난다. 1939년 10월, 히틀러는 독일발트인들을 독일제국으로 귀향하게 했다. 그들을 이주시키기 위해 리가와 탈린으로 수송선을 보냈다. 1941년까지 약 10만 명의 독일인들이 이주했다. 이 이주 독일인들 대부분은 독일제국이 회복한 독일 동쪽 슐레지언Schlesien(오늘날 폴란드 서부) 지역으로 이동했다. 독일발트인들의 이동은 '히틀러-스탈린 비밀협약' 가운데 하나가 실행된 것이다. 따라서 스탈린에 의해 발트국 합병은 이미 예견된 것이었다. 곧바로 1940년 4월 '붉은 군대'가 발트국으로 진군해 들어갔다. 인간 청소는 정복자나 독재자의 전형적인 조치인지도 모를 일이다.

  2차 세계대전은 여태까지 발트국이 겪었던 그 어떤 희생보다도 더 큰 희생을 요구했다. 인적 청산은 무자비하게 자행되었으며, 아직도 공개되지 않는 숱한 학살사건은 어떻게 설명될 수 있을까. 한때 언어학자였던 스탈린이 행한 언어말살 정책과 인적 청산은 상상을 넘어서는 것들이었다. 어쩌면 히틀러와 스탈린은 닮은꼴 독재자였는지도 모르겠다. 소련의 비밀경찰은 폴란드의 장교와 교수, 의사 등 사회지도층 인사 2만 2천 명을 러시아 스몰렌스크Smolensk—모스크바 서남쪽 362킬로미터 지점—근교 카틴Katyn 숲에서 학살한다. 이 사건은 스탈린이 "폴란드가 독립국으로 일어설 수 없도록 엘리트의 씨를 말리라"고 명령한 데서 발생

수많은 외침과 저항의 접점이었던 탈린 항구 전경

한 것으로 알려져 있다. 이후 철저하게 비밀에 부쳐졌지만, 1943년 독일 나치가 이 지역에서 4천여 구의 시체를 발견하면서 세상에 알려졌다.

춤추는 국경선

역사적으로 보면 발트국 국경은 아무런 의미가 없다. 아니 존재하지도 않았다는 말이 더 맞을 수도 있다. 폴란드와 러시아의 국경선도 춤을 추었다. 스몰렌스크 지역은 12세기에 들어서 키예프Kiew 공국으로 출발하였지만, 1238년 몽골에 의해 내몰리게 되어 15세기 초까지 점령당했던 곳이다. 이후 몽골이 철수한 틈을 이용하여 1404년에는 리투아니아 공국에 속하게 되지만, 1514년에는 모스크바 공국에 의해 다시 정복된다. 이어 1609~1618년 동안 '폴란드-러시아' 전쟁을 거치면서 1618년부터 '리투아니아-폴란드' 연합의 영토가 된다. 그 이후 2차 세계대전이 끝나는 시점까지 상대를 달리하면서 서로 밀고 당기는 전쟁을 여기서 모두 다 언급하기에는 머리가 복잡할 정도이다. 역사의 아이러니인가, 희생의 대물림인가?

당시 발트국 엘리트 1만여 명도 비슷한 운명을 맞았다. 학살당하거나 시베리아로 추방당했다. 기억만이 유일한 위로일까? 2차 세계대전이 끝난 뒤 폴란드가 소련의 지배를 받게 되면서부터 '카틴 숲' 사건은 다시 40년간 그 언급 자체가 금지될 정도로 울

라트비아 리가에서
에스토니아 페르누와
탈린으로 향하는
고속도로 모습

분을, 눈물을 감추어야만 했다. 최근 폴란드 대통령 카친스키가 2010년 4월 10일 비행기 사고로 죽은 사건으로 인해 죽어 있던 과거의 기억이 온 세상에 알려지게 되었다. 카친스키는 카틴 숲 학살 사건 70주년 추모식에 참석하려던 중이었으니, 분하고 억울함은 둘째로 치더라도 안타까움은 끝 모를 한이 되는 곳이 바로 이곳이다.

1941년 여름, 히틀러는 소련에 대한 기습을 강행하고, 발트국은 독일 점령군 체제하에 들어가게 된다. 이후 3년 동안 토착 나치 조력자들의 도움으로 약 27만 5천 명의 발트국 유대인들이 몰살당했다. 폭력과 추방은 스탈린에 이어 나치에 의해서도 계속되었다. 이것으로도 끝나지 않는 발트인들의 희생은 얄궂은 운명의 장난인가? 독일에 징집당한 발트인과 소련에 징집당한 발트인은 서로에게 총구를 겨누어야만 했다. 강대국에 의해 강제된 총알받이가 되었으니, 이는 추악하고 더러운 전쟁의 실상이기도 하다.

또 다시 소련에 의해 발트국은 비극적 운명을 맞게 되는데, 1944년 소비에트가 발트국을 재차 정복했을 때 25만 명이 넘는 발트인들은 미국, 독일 또는 스웨덴으로 망명했다. 학살과 억압은 이 땅에서 살아남아 조국을 떠나지 못하는 자들에게 집요하고도 지속적으로 이루어졌다. 이것이 소수민족, 약소국의 운명이라면 믿겠는가? 발트3국은 다시 1944년부터 1990년까지 소비에트 연방공화국에 합병되는 기구한 운명을 맞으면서 반세기 동안에는 지도상에서 그 이름마저 사라지게 된다.

역사는 반복되었으나 지배와 억압은 전혀 새로운 양상을 띠었다. 질기고도 모진 역사에서 변한 것은 아무것도 없었지만 변하지 않는 것도 없었다. 절망과 허탈만이 남는 무력감. 가혹한 통치는 끝 모르게 이어질 것처럼 보였다. 1949년 발트국 농업은 강제 집단화로 시작되었고, 산업은 강력하게 강화되었다. 1965년까지 전체 주민 가운데 도시 인구의 비율은 66%로 두 배가 되었다. 대다수 러시아 산업일꾼들이 이주해왔다. 에스토니아에서는 1934년부터 1989년 사이에 전체 인구에 대한 토착인 비율이 88%에서 61.5%로 내려갔다. 누가 이런 상황을 야기했는가에 대해 러시아는 입을 열어야 하지 않는가.

베를린 장벽이 무너진 해, 1989년 12월 24일이었다. 마침내 모스크바 정부는 처음으로 '히틀러-스탈린 비밀협약' 내용의 실체를 인정했다. 그러면서 공식적으로 무효선언을 내렸다. 남의 나라 역사에서 이루어지는 일이 왜 우리에게는 이루어지지 않는가?

1905년 을사보호조약에 이어 1910년 불법적인 한일합방의 실체를 왜 일본은 인정하지 않는가? 일제에 의해 자행된 헤아릴 수 없는 학살에는 왜 그토록 오랫동안 침묵하는가? 어느덧 100년 세월이 흘렀다. 왜 우리는 아직도 이를 해결하지 못하는가? 명백해야 할 역사적 청산을 왜 우리는 미루고만 있는가? 자꾸만 자괴감이 드는 것은 비단 나만이 아닐 것이다. 이곳 역사탐방에서 느끼는 비애이다.

소련은 비밀협약의 실체를 인정했지만, 1940년 러시아가 이들 나라를 점령한 것이 부당했음은 인정하지 않았다. 과거도 무섭지만 현재와 미래가 더 많은 문제를 제기하기 때문일까? 개인이든 국가든 지난날의 과오를 인정하는 데는 성숙함, 아니 솔직함이 필요한 것이다. 그러나 따지고 보면, 이는 도덕과 양심의 문제가 아니라 힘의 논리 때문일 것이다. 글쎄, 여태까지 인류는 발전과 성장의 이름으로 성찰과 반성을 제대로 한 적이 없다. 강자의 논리만 이어진 부끄러운 역사가 아닌가.

그렇지만 아닌 것은 아닌 것이다. 약자라고 해서 할 말 못하고 사는 세상은 사는 게 아니다. 고르바초프 취임 이후에도 계속해서 발트인들은 소비에트의 점령, 인권침해와 환경파괴에 대한 시

탈린 토옴페아 성 아래 골목길을 걸으면서…

위와 저항을 감행했다. 이어 1988년 9월 에스토니아에서는 전통적인 노래축제가 30만 명의 시민이 참가하는 대규모 형태로 성장했다. 이는 1989년 8월, '노래하는 혁명'을 이룬 인간사슬에서 절정에 다다랐다. 의회선거에서 세 나라 모두 자유운동 진영의 후보자들이 당선되었다. 1990년 3월 리투아니아가 처음으로 독립을 선언했다. 모스크바는 경제봉쇄로 저지하고 군대를 빌뉴스의 텔레비전센터에 주둔시켰으며, 리가의 내무부를 장악하였다. 그러나 서방국가들의 강력한 반대와 러시아 의회 의장인 옐친의 중재로 전쟁은 확대되지 않았다. 이윽고 1991년 9월 6일 소련은 세 나라의 독립을 승인하였다.

여기서 그들이 그토록 원했던 독립과 자유에 이어 유럽연합 가입을 위해 주민들의 뜻을 묻는 여론조사를 실시했는데, 그 결과가 재미있다. 주민 100%가 이를 원하지 않는 것으로 드러났던 것이다. 제발 우리를 내버려 두시지요, 우리가 알아서 할 텐데. 무엇 때문에 강자의 논리를 내세우느냐, 이데올로기를 핑계 삼느냐 이런 마음 아닐까?

2003년 조사에서는 에스토니아인의 67%, 라트비아 68%, 리투아니아는 거의 91%가 유럽연합 가입에 대해 찬성했다. 아마도 현실적인 판단이었을 것이다. 2004년 5월 1일 발트3국은 유럽연합에 가입했고, 러시아 군대의 철수와 함께 나토 회원국이 되었다.

  가혹한 운명의 날들에 새겨진 역사의 부유물 때문일까? 발트에 숨겨진 아름다움과 아픔은 밀물과 썰물 따라, 스치는 바람결에도 소멸과 생존, 지옥과 천당의 노래를 부르고 있다. 얽히고설킨 이들의 역사가 우리에게 던지는 메시지는 무엇일까?

리투아니아
'발트의 길 baltijos kelias'

> 1940년 옛 소련에 강제편입
> 50년 뒤 인간사슬 엮어 부당성 항변
> 어마어마한 인원, 차량 동참
> 마을마다 교회 종소리도 합창

620킬로미터 '인간띠 혁명'

　　　　　　　위로받는 기억일까, 위안의 아름다움일까? 발트 3국에 속하는 에스토니아, 라트비아, 리투아니아는 꿈에서조차 잊지 못한 독립의 몸부림을 또다시 준비하고 있다. 결코 잊을 수 없는 그들만의 '인간사슬'을 기억하는 행사이다. 1989년 그때 태어난 아이가 어느덧 스무 살 어엿한 청년이 되었다. 역사가 새삼 흥미롭다. 1991년 해방둥이의 탄생은 새로운 역사의 출발점이며,

위로받는 기억과 위안의 아름다움을 지니고 살아가는 발트국의 현재와 미래의 상징이다. 그러나 과연 진정한 자유와 독립이 있을까? 개인이든 국가든 말이다. 그래서 자유와 독립은 결과가 아니라 과정에 불과한 것인지도 모른다.

지금으로부터 20년 전, 1989년 8월 23일에 있었던 '발트국의 기억'이 이번 탐방의 핵심적인 주제어이다. 주제가 있는 탐방은 여행의 또 다른 이름이기도 하다. 과연 이곳의 기억을 되살리려는 탐방이 낯선 동양인에 의해 제대로 이루어질 수 있을까? 관련된 글을 읽고, 기초적인 언어를 배우고, 정보를 수집하고, 수많은 사진도 미리 살펴보았기에 발트국의 역사적 사건은 재생의 형식을 빌릴 수 있을 것이다. 그러나 역사는 끊임없이 과거를 반추하지만, 그와 함께 퇴색되기도 하고, 때론 잊히거나 그렇지 않으면 전혀 새롭게 살아나는 상호배반적인 성질을 지니고 있다.

다시 역사의 수레바퀴를 몇 바퀴만 더 되돌려보자. 이때부터 정확하게 50년 전인 1939년 8월 23일은 발트국 주인들의 의사와 전혀 관계없이 러시아와 독일, 즉 히틀러와 스탈린에 의해 비밀리에 '독소불가침조약'이 체결된 날이다. 소위 '몰로토프-리벤트로프 조약'으로, 그들은 서로 사이좋게 그들 사이에 끼여 있는 동부유럽을 나누어 갖자고 비밀협약을 맺었다. 이 조약에 따라 발트국은 이내 강제로 소련에 편입된다. 치욕적인 이날의 기억을 되살려 발트3국은 소련 지배의 부당함을 전 세계에 알리기 위한 특별한 행사를 마련했다. 무려 620킬로미터에 달하는 긴 사슬, 길 위에 펼쳐진 인간사슬이다. '사슬'은 구속과 속박의 상징이다. 허나 자유와 독립을 위해 인간 스스로 사슬을 만들었다. 역설이자 아이러니다. 이러한 역설을 어떻게 풀어야 하는가가 어느새 탐방자의 사슬이 된다.

620킬로미터는 얼마나 긴 거리일까? '부산-서울'이 400킬로미터 길이라면, '부산-신의주' 쯤 될까? 아니, 이보다 훨씬 더 길고 질긴 길이었는지도 모른다. 이는 바로 '발트의 길baltic way'이다. 탐방자는 바로 이 길을 따라가야 했다. '에스토니아 탈린Tallinn-라트비아 리가Rīga-리투아니아 빌뉴스Vilnius'에 걸쳐 주민들이 직접 손에 손을 잡고 만들었던 '인간띠'의 길이다. 혁명의 길이다. 인간이 만든, 세계에서 가장 긴 띠 '발트의 길' 탐방은 그렇게 시작됐다. 탐방은 현실이지만, 체험은 현실에만 머무르지 않는다. 과거가 오히려 더 많은 이야깃거리를 제공하며, 현실을 반추하며, 미래를 담보하기 때문이다.

탐방의 시작은 리투아니아의 수도 빌뉴스이다. 탈린을 떠난 지 며칠을 지나 초가을 저녁놀이 도심을 물들게 하는 시각, 비로소 빌뉴스에 발을 내디딘다. 지친 나그네의 얼굴에 비친 이 도시의 첫인상은 고풍스러움을 잠재우는 아늑함이다. 피곤이 도리어 휴식을 잠시 밀쳐놓는다. 가장 먼저 찾은 곳은 리투아니아에서 인간띠가 시작된 지점이었다. 13세기 건국의 시조 게디미나스 Gediminas 동상이 서 있는 빌뉴스 시내 한 광장의 대성당 앞이다. 성당 앞 돌판에는 리투아니아어로 '스테부클라스Stebuklas'(기적)라는 말을 새겨놓았다. 글씨를 구경하고 있는데 누군가 옆에 다가와 말해준다.

발트의 길 시작점. 리투아니아 빌뉴스 대광장의 게디미나스 동상 근처에 있다.

기적(Stebuklas). 인간띠가 시작하는 곳의 기념 표지석

"시계방향으로 세 번 돈 다음 서서 소원을 빌면 이루어집니다." 그들의 소원이 소박하게 여겨지는 건 순전히 탐방자의 편견일 것이다.

그들의 숙원은 자유와 독립이었을 것이다. 사실 자유와 독립에 대한 그들의 열망이 최근의 일만은 아니다. 지난 50년 동안 지속된 소련의 압제에 앞서 또 다른 강대국들의 압제가 늘 지속되었기 때문이다. 이는 비교적 짧은 기간이라 할 수 있다. 18세기 이래 주변 강대국들의 침략과 지배에 짓눌린 숙명을 탓하기보다는, 결코 이루어질 수 없을 것 같지만 한 가닥 희망이라도 놓지 않으려는 소원처럼 여겨졌다. 그들의 표정은 오히려 밝고 생기 찬 모습이다. 이런 자신감은 어디에서 생겨난 것일까?

그들의 일상은 배고픔과 가난이었다. 공산주의 시기에는 생필품을 구입하기 위해 월급의 65%를 사용할 정도로 삶의 고난이 컸다. 배고픔에도 불구하고 진정한 자립을 위한 집념은 포기를 허용하지 않았다. 불확실한 미래보다 희망의 끈을 놓지 않는 인내는 일상의 극복인 걸 알고 있었다. 그렇다고 마냥 울고만 있을 수는 없었다. 열심히 현실을 가꾸는 진지함이 그 무엇보다도 그들에게는 생존의 버팀목이었다.

자유와 독립의 상징
온몸으로 기억하다

66세의 원로 시인 시기타스 게다Sigitas Geda는 리투아니아 독립운동단체 '사유디스sajūdis'에서 활동하면서 인간띠 행사를 조직한 운동원 가운데 하나다. "54킬로미터 지점에서 5시간을 보냈다"고 노시인이 전해주는 그날의 모습은 "행복한 축제의 날"이었다.

빌뉴스 시가지는 온통 사람들로 가득했다. 거동이 비교적 자유로운 노인은 물론 머리가 희끗희끗한 중년에서부터 청바지를 입

발트의 길, 노인들도
손에 손잡고
(1989년 8월 23일)

리투아니아 '발트의 길'

은 젊은이와 어린아이에 이르기까지 거리는 사람들의 열기로 채워지기 시작했다. 100미터마다 갖가지 작은 무대가 세워졌고, 무대마다 록밴드, 민속노래그룹, 불 먹는 곡예사까지 갖가지 흥을 돋우는 행사가 이른 아침부터 열렸다. 이는 믿기지 않을 광경이 파노라마처럼 펼쳐지는 축제와 다름없었다. 지금처럼 해가 어스름하게 지는 1989년 8월 23일 저녁 7시였다. 리투아니아 수도인 이곳 빌뉴스에 모인 수많은 사람들이 15분 동안 손을 맞잡고, 함께 입을 모아 '라이스베스laisves'를 외쳤다. '자유'라는 이 말의 반복되는 울림은 절규에 가까운 간절함이었으리라. 때맞춰 마을마다 도시마다 교회 종소리가 울려 퍼졌다.

발트의 길, '자유와 독립을'.
리투아니아에서 시민들의 구호

리투아니아 빌뉴스 시내에 있는 안나 교회 전경

"거동이 너무 힘들어 하루 종일 라디오를 들으면서 저녁 7시를 기다렸어요. 교회 종소리와 하모니를 이루며 '자유'라고 외치는 시민들의 소리에 파묻혀 기쁨의 눈물을 흘렸지요." 시내를 거닐다가 어렵게 찾은 숙소의 노파가 전해주는 말이다. 감동은 다시 현실로 바뀐다. 세계 각국으로 생생한 이곳 소식이 전파를 탔다. 아나운서 목소리는 떨렸고, 시민들이 외치는 목소리는 종소리와 어우러져 그들의 진정한 열망을 고스란히 전해주었다. 그들에게 더 이상 무슨 말이 필요할까, 자유와 독립을 향한 절박함 외에는. 문득 뭉크의 '외침Skrik'이 떠오르는 것은 무슨 이유일까? 탄생과 성장, 안정과 동요, 조화와 부조화 사이의 어쩔 수 없었던 분열을 '외침'으로 타파하는 고독한 존재가 여과 없이 드러나는 순간들이다.

종소리는 리투아니아의 옛 수도이자 제2의 도시인 카우나스Kaunas에서도 울려 퍼졌다. 이미 역사적으로 각인된 기억을 담은 '발트의 길'을 약간 비켜 카우나스에 들렀다. 원래 리투아니아 발트의 길은 '빌뉴스-우크메르게Ukmerge-파네베지스Panevežys' 사이 직선 고속도로 A2를 따라 이어졌다. 따라서 빌뉴스와 파네베지스의 서쪽방향 삼각형 꼭짓점에 놓인 카우나스 시민들은 대부분 중간지점인 우크메르게로 이동하였다. 다른 두 도시에 비해 카우나스 시민들의 이동이 가장 많았으며, 이동 거리도 가장 멀었다. 그만큼 카우나스 시민들은 적극적으로 참가하였다.

　카우나스로 가는 길은 평지와 숲, 그 가장자리에 삶의 터전인 밭이랑이 굴곡진 형태로 아름다운 모습을 보여주었다. 그러나 텅 빈 이 자리를 채웠던 그들은 지금 어디에서 무엇을 하고 있을까? 전체 행사에 참여한 사람 수는 무려 200만 명을 넘었다. 인구밀도가 세계에서 가장 낮은 발트3국은 도시 간 거리가 심리적으로 더욱 멀게만 느껴지는 곳이다. 야트막한 구릉을 따라 숲과 평원 한가운데까지 사람의 온기를 전해야 하는 힘겨운 모습은 오히려 처절한 아름다움으로 비쳤다. 아름다움의 실체는 아픔이라는 사실을 새삼 깨닫는다.

　카우나스에 들러 당시 행사를 준비했던 알렉산드라스의 회고담을 간접적으로 들을 수 있었다. 현재 그곳에서 발트문화사를 연구하고 있는 서진석 씨로부터다. "인간의 눈으로 한 번도 보지 못했고, 어떤 기막힌 상상력으로도 도달할 수 없는 그것을 어떻게 묘사해야 할까요. 행사 진행자들은 어마어마한 인원수, 차량, 사람들의 이동방법을 준비해야 했습니다. …… 마치 바닷물을 순가락으로 퍼내는 것만 같았습니다." 몇 년 전 이를 국내 신문에 소개했을 뿐만 아니라, 이후 2007년 국내 최초로 『발트3국: 잊혀졌던 유럽의 관문』라는 책을 펴낸 서진석 씨는 이미 발트인이 되어 있었다.

라트비아의 전통음식

노래하는 민족의
노래하는 혁명

　　　　　　처음부터 존재하는 길은 없다. 길은 길을 만들고, 사람은 사람을 만들고, 역사는 역사를 만든다. 주체가 객체가 되며, 객체가 주체가 되어 한데 어울려진 인간띠이다. 단절을 극복하는 이음새로, 새로운 역사를 창조하는 도구로 '띠' 는 숭고한 역할을 도맡았다. 이음새를 연장하려는 현실이 비록 너무나 벅찬 어려움이기는 하지만 그들이 누구이던가. 이런 인간띠를 성공시키기 위해 당시 전체 인구 가운데 10% 정도만이 소유하고 있는 자가용을 자율적으로 동원했고, 버스회사들은 노선을 바꾸거나 연장하면서까지 거의 모든 차량을 분주하게 움직였다. 마치 전 국민이 준비하는 축제날처럼. 이는 그들이 '노래하는 민족' 이기 때문에 가능한 일이었다. 사람들은 이 역사적인 행사에 춤추고 노래하면서 기꺼이, 그리고 즐겁게 참가했던 것이다. 지금도 그 노랫소리가 들리는 것 같다.
　사실 그들의 노래하는 전통은 과거 18세기로 거슬러 올라간다. 이웃 라트비아, 에스토니아와 마찬가지로 리투아니라 민족은 합창을 무척 좋아한다. 이는 한마디로 민중음악이다. 17세기 이래 라트비아 민중들 사이에서 즐겨 부르던 「다이나Dainas」는 간명하고 소박한 민요로 오늘날까지 이어지고 있다. 에스토니아와 리투아니아에서도 같은 전통을 갖고 있다. 시대적 변천을 통해 오늘날에도 애창되는 라트비아의 「지에스마스Dziesmas」와 에스토니아의 「라울루피두Laulupidu」 등 수많은 버전이 있지만, 공통적인 '다이나'를 여기에서 간단하게 소개해보자.

Pele brauc, vāgi čīkst,
Ar to miega vezumiņu.
Brauc, pelīte, šai sētā,
Te ir pulka mazu bērnu.
……
Kas kait man nedzīvot
Diža meža maliņā.
Pieci brieži man arami,
Sešas stirnas ecējamas.

'인간띠'를 내려다보는
소련병사의 동상.
그들은 과연 무엇을 보고
어떻게 느꼈을까?

빌뉴스의 텅 빈 도로. 아직도 그때의 노랫소리가 들리는 것 같은 환상의 시간

생쥐 한 마리 집으로 달려 가네,
한참 동안 잠을 자러.
달려 가거라, 생쥐야, 집으로,
많은 아이들은 기다리고 있거든.
……
아, 사는 게 얼마나 아름다운가,
여기 큰 숲 가장자리에서
다섯 마리 사슴들로 쟁기질 하고,
여섯 마리 노루들로 써레질 할 수 있다니.

    이곳의 전통적인 노래도 대부분 운율에 맞추어 부른다. '다이나'의 경우 2각 강약(장단) 또는 4각 강약약(장단단) 4행으로 구성되어 있다. 우리네 '아리랑'처럼. 리투아니아는 농사일, 가정 행사, 집단놀이나 잔치 때 사람들이 모이는 곳이면 어느 곳에서든 '다이나'를 부르면서 결속을 다져온 민족이다. 물론 반주가 따른다. 생소하기 짝이 없는 민속관악기 스크루디체와 현악기 칸클레는 민속박물관에서 볼 수 있었는데, 우리네 풍물 같은 존재이다. 리투아니아에 살고 있는 사람들뿐만 아니라 전 세계에 흩어져 있는 리투아니아 사람들이 4년마다 함께 어울려 대합창의 하모니를 만드는 장관이 펼쳐지는 곳이 바로 이곳 카우나스이다. 짧게는 1차 세계대전 이후 잠깐 동안 독립하였을 때부터 이어져 오는 전통이다.

훗날 세상 사람들은 발트국의 '노래하는 민족'이 '노래하는 혁명'을 성사시켰다고 했다. 620킬로미터에 이르는 길 위에서 하루 종일 울려 퍼졌던 노래는 사라지고, 그 공간은 이제 텅 빈 채로 무심한 정오의 햇살이 비쳐드는 고요함을 품고 있다. 꿈결에 잠기듯 시간은 멈추어 있다. 파네베지스Panevėžys의 도심을 거쳐 라트비아 리가로 향하는 길 위에서 탐방자의 시계도 멈추어 선다. 국경까지 절반의 거리에도 절반의 성공은 남은 절반의 성공을 위해 아직도 노래를 부르고 있는 느낌이다.

어떻게 무력이나 전쟁 없이, 역사에서도 전무후무한 평화로운 절차를 통해 독립을 쟁취할 수 있었을까? 의문은 탐방길 내내 나를 따라다녔다.

노래하는 축제든 집회든 혁명이든 이를 가능하게 한 실체는 계획과 준비였다. 이들은 50년을 기다렸으며, 지역을 50개로 나누었다. 리투아니아의 경우 4킬로미터 간격으로 전통제단을 세웠

리투아니아 '발트의 길'

벼룩시장의
목각과 전통인형들이
앙증맞게 탐방객을
맞이하고 있다.

줄 지어 서 있는 빌뉴스 벼룩시장.
그들의 일상은 현재도 계속되고 있다.

다. 성스러운 불이 점화된 전통제단 역시 50개였다. 숫자 '50' 이 갖는 의미가 누구나의 인생에서처럼 남다르게 느껴졌다. 간간이 비가 흩뿌리고 바람이 불었지만 불꽃은 커지지 않았다. 도리어 그들의 노랫소리와 염원에 보답이라도 하듯 불꽃은 춤을 추었다. 길거리 사람들도 춤을 추었다. 저녁이 다가올수록 불꽃은 더욱 빛을 발했다. 모퉁이를 돌아 구릉을 넘어 인간의 시선이 닿지 않는 곳까지 불빛은 희망을 연결해주었다. 어둠이 깊을수록 빛은 더욱 빛난다. 마치 프로메테우스가 훔친 불처럼, 인류의 희망을 함의하는 불이다.

고속도로에도 이름을

우리로 치자면 국도격인 고속도로 10번이자 유럽도로 67번. 이 도로가 라트비아에서는 고속도로 7번으로 바뀐다. 리투아니아 '발트의 길'은 라트비아와 접한 국경에서부터 언어만 '발티요스 켈리아스baltijos kelias'에서 '발티야스 첼스baltijas ceļš'로 바뀐다. 그러나 아직 이곳에는 '발트의 길'이라는 표지판이 보이지 않는다. 도로 이름도 로마 알파벳과 숫자로 대표되고, 화살 표시와 지명을 알릴 뿐이

리투아니아에서 만난 차량 뒷유리에 붙여진 '발트의 길baltijos kelias'

다. 유럽에서는 도시나 마을 어느 곳을 가다라도 도로 이름과 함께 번지가 있건만, 넓고 빠른 고속도로에는 이름이 없다. 역사적인 의미를 두든 인명을 이용하든 한 번 바꿔보거나 시도해볼 만한데 말이다. 우리나라도 고속도로는 물론 국도 표지판에 도로 이름을 표시한다면 훨씬 좋을거라는 생각을 해본다. 디지털 시대 기호화, 코드화를 우선하는 편리한 소통으로만 받아들이기에는 너무나 삭막한 길이기에 뜬금없이 해본 상념이었다.

리투아니아 '발트의 길'

라트비아
'발트의 길 baltijas ceļš'

> ❝ 언어도 다르고 민족도 달랐지만
> 서로의 마음을 잇는 연대감
> 하루 종일 외친 '자유'
> 국경 넘어 거대한 하모니
> 기억은 아름다움에서, 아름다움은 기억에서

단절과 분리를
거부하는 국경

  '발트의 길'은 하나지만, 발트의 길을 만드는 방법과 내용은 나라마다 달랐다. 시원스럽게 연결된 도로를 따라 리가로 향하는 길은 숲, 평원, 밭과 작은 마을을 가르고 있다. 우리의 70년대 시골을 연상시키는 풍경이다. 허나 여행자의 발걸음에서 묻어나는 즐거움은 때론 여행지 주민들의 고통을 외면하기 쉽다. 소련 식민지 시대 빼앗긴 들판에도 국경은 있었을까? 단절과 분리를 거부하는 국경도 있을까? 그렇다. 소통과 연결의 이정표가 눈에 들어온다. '파네베지스~리가'의 중간이 오늘날 리투아니아와 라트비아의 국경이다. 드문드문 보이던 시골 가옥도 보이지 않는 곳, 4년 전과 달리 초소나 경계병 따위는 없다. 이제는 빛바랜 국경의 표지판만이 덩그렇게 서서 동양인을 맞이한다. 하나의 유럽이 된 서유럽을 여행하듯, 그냥 지도상에 선 하나를 지나면 그만인 것을.

국경의 시작과 끝을 밟아본다. 그러나 모든 시작은 끝을 담보하지 못하는 잘못된 욕망의 산물일 수 있다. 그렇다고 변화를 꾀하지 않고서야 어떻게 불확실한 현실을 이겨가며 살 수 있겠는가? 그만큼 발트3국에 대한 나의 갈증은 컸다. 갈증이 컸기 때문에 목마름의 해갈에 대한 집착은 자칫 탐방을 그르칠 수도 있다. 해서 주제를 정하고, 체험을 걸러내고, 다듬질 하는 글쓰기 작업을 병행하지만 이는 탐방의 또 다른 어려움이다. 오감을 통한 느낌이나 생각을 문자로 풀어가는 문제가 아니라, 글로 표현할 수 없는 한계와 어떻게 타협해야 하는가 하는 문제는 나의 숙제이다.

그 한계점에서 환영처럼 인간띠의 모습이 보인다. 시작과 끝을

라트비아 '발트의 길'

모르는 연결고리는 그들의 체온이 담긴 손이다. 두 팔을 펼쳐본다. 두 손의 끝에 잡히는 농부의 투박한 손, 어부의 꺼칠한 손이 시나브로 전해진다. 그들은 목 놓아 울고 있다. 아니 겉으로는 웃는 표정이지만, 기쁠 수가 없다. 하나같이 마음이 이어지는 길 위의 노래는 그래서 슬프다. '자유'의 소리는 메아리가 없고, '독립'의 소리는 허공을 가른다. 한참이나 걸었다. 그들의 체온이 식어가고, 그들의 소리가 사라질 때까지……

발트인 200만 명이 참가한 인간띠, 독립을 염원하는 모습들

리가 시청 앞 광장에서
옛 향수를 그리워하듯
색소폰을 부는 노신사

낯선 이국땅에서 떠올리는
유년의 기억

　　　　　얼마 후 '메멜Memel' 강이 지나치는 바우스카 Bauska 마을이 나타난다. 바우스카 마을은 거주민 1만 명가량의 작은 농촌마을이다. 하지만 한때는 인근에 있는 룬달레 Rundale 궁전보다 훨씬 더 큰 바우스카 성이 있었다는데, 지금은 터만 남아 있다. 허허로운 성터에 인간사슬을 이어갔던 주민들 대신 지금은 소들이 풀을 뜯는 한가로운 농촌 풍경만이 펼쳐져 있다.

　띄엄띄엄 소들이 풀을 뜯고 있는 한가로운 농촌 정경은 우리와 크게 다르지 않다. 어쩜 소들은 그날의 일을 기억하고 있을지도 모른다는 생각이 문득 들었다. 소 앞으로 다가갔다. 낯선 이방인의 시선과 마주하는 소의 눈망울에 내 얼굴이 볼록렌즈에서 보이는 것처럼 툭 불거져 있다. 유년시절 소꼴 먹이고 함께 놀던 기억이 새롭다. 오물오물 되새김질하는 턱이 닳지는 않을까 걱정 아닌 걱정을 했던 것이며, 소장수에게 팔려가는 나의 소를 놓지 않으려고 발버둥쳤던 기억들이다. 지구 반대편 이곳에 있는 소들도 나와 같은 소년 친구가 있었을까?

  한참 동안 바라본 발트국 소의 눈망울이 주변의 풍경과 겹친다. 소의 삶은 무엇일까? 일하고, 먹고, 자고, 새끼 낳아 키우고, 죽는 운명은 인간과 다름없다. 주인을 위해 일하는 것처럼 보일지 모르나, 실상은 그들만의 삶이 따로 있다. 오히려 인간을 부끄럽게 만든다. 인간떠 곁에서도 이에 아랑곳하지 않고 한가로이 풀을 뜯거나 휴식을 취했으리라. 그러나 그들도 그날의 기억을, 전설을 자식들에게 전했으리라. 어미가 가끔 들려주던 자장가 같은 이야기였지만, 자유를 향한 인간들의 염원이 너무나 절박했기에 모른 체할 수 없다. 침묵의 눈빛으로 나그네에게 말을 건넨 것이다.

  갑자기 노발리스Novalis의 시(詩)가 생각난다. 전공은 못 속인다는 말이 있다. 아무 곳이나 아무 때나 장소와 시간을 가리지 않는다.

    보이는 것은 보이지 않는 것에 접촉해 있고
    들리는 것은 들리지 않는 것에 접촉해 있고
    생각하는 것은 생각나지 않는 것에 접촉해 있다

라트비아 '발트의 길'

다우가바 강을 사이에 두고
신·구 조화 속에 펼쳐져 있는 리가의 전경

나로서는 비범(非凡)과 평범(平凡)의 차이까지 언급할 수준이 못되지만, 마음의 눈과 마음의 귀를 통해 깨달음을 이야기하는 게 아닐까? 나아가 지식과 지혜의 차이를 그 경계의 넘나듦에서 느끼는 시인의 이야기로 받아들여진다.

'다우가바Daugava' 라는 큰 강이 리가를 가로지르고 있다. 옛날 시가지(베츠리가)는 리가의 화려했던 모습을 간직한 채 신시가지를 가름하고 있다. 노을에 물든 이국정취는 피곤한 나그네의 발걸음을 자꾸만 멈추게 한다. 숙소가 걱정이 되었지만, 카우나스 서진석 씨의 소개가 도움이 되었다. 숙박비가 비교적 저렴한 '아비타르' 호스텔에 짐을 풀고, 한국인이 운영한다는 식당 '설악산' 에 들렸다. 강 가까이 좋은 위치에 있었지만, 늦은 시간이라 그런지 손님이 별로 없다. 정말 오랜만에 만나는 한국음식이라 반가웠다. 북한식 사투리를 간간이 섞어 쓰는 나이든 아주머니와 이런저런 이야기를 나누었으나, 음식 맛은 별로였다.

주인은 시청광장 근처에 별도로 '사무라이' 라는 식당도 운영하고 있었다. 여기서 민족이나 국가의 개념은 어쩌면 사치에 가깝다는 느낌이 들었다. 생존에 값하는 이념이 없듯. 다음날 그 식당에 들러보기로 마음먹고 늦은 시간 홀로 뚜벅뚜벅 숙소로 걸어간다. 밤공기가 차가웠다. 비까지 흩뿌리는 거리를 따라 운행되는 전차가 횡단도보에서 나그네의 걸음을 멈추게 한다. 빨간색 신호등이 푸른색으로 바뀌는 가운데 인간띠의 기억은 다시 과거를 불러낸다.

오늘도 '인간띠'의 증인으로 서 있는 리가의 가로등과 시내 모습

기억 속의 무혈혁명
무혈혁명 속의 기억들

　　　　　　　그런 탓인가? 도로 표지판 하나, 신호등 하나, 전차 하나, 상점의 인형 하나라도 가볍게 지나칠 수 없다. 노래하는 주인공들이, 가족이, 이웃이 만들고 사랑하는 것들이기 때문이다. 당시 리가의 신호등이 오늘도 변함없이 그 자리를 지키고 있다. 인간띠의 증인으로 서 있다. 사람들에게 정지, 우회, 진행을 지시했을지도 모른다. 시민뿐만 아니라 시민의 친구인 신호등까지 합일하였을 것이다. 신호등의 과거는 현재이기도 하다. 사람은 바뀌어도 신호등은 본분을 잊지 않는다. 신호등의 기억은, 신호등의 과거는 어떤 색을 띠었을까? 리가의 꿈은 또한 어떤 색일까? 리가의 시민들은 그날의 기억을 오늘도 어떻게 칠하고 있을까?

　분명 기억은 어떤 색이든 개의치 않을 것이다. 세월이 흐를수록 변색되기 쉬운 과거의 생생한 기억을 어떻게 유지할까? 현실적인 느낌이 소중하겠지만, 그만큼 기록도 중요하다. 1980년대 텔레비전 기자이자 현재 방송국장인 오야르스 루베니스Ojārs

Rubenis는 에드빈스 인켄스Edvīns Inkēns와 함께 라트비아 지역의 인간띠를 조직한 사람이다. 당시 기억이 그 사람들의 인터뷰 기록으로 남아 있다. "가장 큰 어려움은 숫자 계산이었지요. 얼마나 많은 사람을 몇 킬로미터마다 어떻게 채우느냐, 동시에 어떤 방법으로 그곳까지 사람들을 불러 모을 것인가. 그것은 대단히 어려웠지만, 우리는 용기를 잃지 않았지요." "결과를 두고 말하지 마라"는 말은 과정의 아름다움을 깊이 새겨야 한다는 말로 바뀐다. 기억은 아름다움에서, 아름다움은 기억에서 비롯되는 실체라는 사실을 잊을 수 없다는 뜻 아닐까.

라트비아 독립운동단체인 '국민전선' 동지들을 중심으로 친구, 동료, 이웃들에게 알렸다. 전화로 연락을 취하기도 하고 분주하게 움직였다. 흔히 있을 법한 일이지만, 그들에게는 두려움이 없었다. 에스토니아, 리투아니아와도 연락을 취하고 협조를 해야만 하는 어려움이 현실적으로 다가왔다. 세 나라 모두 언어가 다르다. 설상가상으로 방언이 많고 뿌리가 다른 언어가 여러 지역에 혼재해 있었기에 긴밀한 소통은 더욱 어려웠다. 그러나 이제 결과를 이야기할 수 있다. 모든 어려움에도 불구하고 마침내 인간띠를 만들어 목청껏 '브리비바briviva'를 외칠 수 있었다. 라트비아인들이 외치는 '자유'의 소리는 오랫동안 들녘의 지평을 넘어 두 이웃의 소리와 어울려 합창을, 하모니를 만들었다. 끊이지도 사라지지도 않는 소리가 메아리가 되어 발트국 하늘과 땅을 감동시켰다.

인켄스의 말이다. "우리 발트국 역사에서 인간띠는 실제 처음으로 이루어진 공동행사였다." 이처럼 인간띠는 그 길이만큼이나, 참가자의 수만큼이나, 상이한 언어만큼이나, 다른 종교만큼이나, 지역성만큼이나 장애와 어려움이 이중삼중으로 얽히고설켜 있었다.

그러나 그 어느 하나라도 빠트릴 수 없었던 준비와 진행과정을 몸소 확인하기 위해서는 때론 여행자로, 때론 탐방자로 발품, 손품, 말품, 눈품을 팔아야 한다. 물먹은 솜처럼 축 늘어진 몸을 일으켜 세워 아침 일찍 숙소를 나선다. 리가의 중심지는 중세 건물이 잘 보존되어 있다. 13세기 이래 중세 한자도시의 맹주로서 그 역할이 매우 컸으며, 번창했던 영광을 재현하려는 듯 도시의 활기가 들리는 곳마다, 만나는 사람마다 느껴진다.

이곳에 들르기 바로 한 달 전이었다. 7월 5일부터 12일까지 일주일 동안 '라트비아 국제음악축제'가 크게 열렸다. 행사의 하이

리가의 '브레멘 음악대'도 목청껏 노래를 불렀다.

돔 성당의 첨탑 위에 있는 금수탉도
역사를 창조하는 합창에 빠질 수 없었다.

라이트는 합창이다. 1만 5천 명에 달하는 민속의상을 입은 댄서들의 율동과 합창은 경험하지 않고서는 그 규모와 감동을 가늠하기 힘들 것이다. 유투브 동영상은 전 세계인들에게 감동적인 광경을 전해주었다. 노래하는 혁명 때 태어나 올 팔월이면 스무 살이 되는 바스티카Bastika 양을 우연히 만났는데, 그녀는 자신도 기꺼이 음악축제에 참가했다면서 미소를 지었다. 그러나 "여전히 러시아에 대한 경계심을 놓을 수 없다"는 말에서 미완의 자유와 독립이 새삼스럽게 일깨워진다.

비가 추적추적 내렸지만, 당시 시민들의 표정은 오히려 차분했다. 수십 만 명이 모인 광장에서 함께한 연설과 박수와 노래를 뒤로 한 채, 국기를 앞세우고 남쪽으로 북쪽으로 발걸음을 옮긴다. 멀고도 먼 길 떠나는 이들에게 성 베드로 성당의 종소리가 힘을 실어준다. 근처 그림형제의 동화로 유명한 '브레멘 음악대' 동상의 당나귀, 개, 고양이, 닭들도 덩달아 목청껏 노래를 부른다. 돔 성당의 첨탑 위에 있는 금수탉도 빠질 수 없다. 역사를 일깨우는 응원의 소리는 역사를 창조하는 합창이다. 비로소 리가시 전체가 하나가 된다.

'발트의 길baltijas ceļš'은 리가를 관통하고 있다. 구 시가지 입구의 '자유의 여신상'이 떠받치고 있는 별 세 개가 유난히 빛을 발한다. 세 개의 별은 라트비아의 쿠르제메Kurzeme, 라트갈레 Latgale, 비제매Vidzeme 세 지역을 상징한다. 지금은 젬갈레 Zemgale를 포함해서 4개 지방으로 나뉘어 있다. 물론 이들의 별빛은 라트비아를 이끄는 희망의 상징이기도 하다. 염원이 담겨있는 '자유의 거리brivibas iela'를 열어가는 그들의 걸음을 따라 탐방자의 길도 근교 1번 고속도로로 이어진다. 이제 리가 해협의 동쪽 해안과 어깨동무를 하면서 라트비아 해변을 따라 에스토니아 페르누로 인간띠는 끝 모를 길을 만들고 있다.

라트비아 '발트의 길'

발트해를 향하는 라트비아의
전형적인 시골 풍경과 도로의 모습

발트해를
옆구리에 끼고

　　　　　　탐방은 미지에 대한 도전이자 새로움에 대한 갈증의 소산이다. 보고, 듣고, 맛보고, 냄새 맡고, 피부로 느끼는 오감의 다른 체험이기도 하다. 나흘을 지나면서 탐방자의 감각은 차츰 발트에 익숙해진다. 낯설음이 친숙함으로 바뀌면서 생각마저 기존의 틀을 벗어나는 단계인가?

　비로소 발트해를 왼쪽 옆구리에 끼고 함께한다. 이곳 바다는 물결이 사납기로 유명하다. 라트비아어로 '하얀' 색을 뜻한다는 발트해는 오늘따라 잠잠하다. 잠든 것처럼 포근함을 가져다주는 이국적인 서정에 취해 잠시 여행의 피로마저 바다에 던져버린다. 그러나 바다는 모든 걸 받아들이기도 하지만 모든 걸 토해내기도 한다. 포용과 분노의

라트비아 '발트의 길'

또 다른 표현이다.

　희망과 절망이라는 두 개의 세계가 공존하는 발트에서 인간띠는 단일성을 상징한다. 헤르만 헤세Hermann Hesse의 글이 생각난다. "전체에서 하나를, 하나에서 전체를" 투시하는 순수한 공간과 시간, 초월적인 힘을 함의하는 발트길이기도 하다. 그들의 발 밑에서 희미하게 불타고 있는 지옥에 대한 생각, 가까워질 것 같은 소멸, 그런 가운데서 정신적 출구가 현실로 드러나는 발트의 길은 그래서 더욱 발트해를 그리워하는지 모를 일이다.

　오욕으로 점철된 세계사에서 볼 때도 인류가 가장 소중하게 간직해야 할 문화유산 가운데 하나가 살아 숨 쉬는 인간사슬일 것이다. 이를 위해 현재 발트3국은 유네스코 세계기록유산에 등록신청을 해놓은 상태이다. 우리의 경우 2001년 6월 27일 청주에서 '세계기록유산자문회의'가 열려 독일 표현주의 영화 〈메트로폴리스〉, 〈42줄의 구텐베르크 성경〉 등과 함께 『승정원일기』, 『직지심체요절 하권』이, 이후 2007년에는 『팔만대장경』, 『조선의 궤』, 2009년에는 『동의보감』 등이 인류가 영원히 기억해야 할 기록물로 인정받았다. 이를 우리는 제대로 알고나 있는가? 그러나 문화유산은 보존하고 계승하고 잊어서는 안 될 어려운 과제이지만, 기억이나 기록을 인정받기보다 이를 새롭게 일구어가는 인류의 노력이 아름다운 것 아니겠는가!

　모처럼 여유를 가질 수 있었다. 페르누 근처 어느 시골 민박집에 들르기 전이다. 아직은 늦여름의 녹색 초원이 남아 있는, 드문드문한 시골집과 추수가 끝난 들녘, 그리고 알 수 없는 깊이와 멀어지는 숲의 자작나무 사이로 이른 가을은 북국의 서정(抒情)을 영글게 한다. 얼마를 지났을까? 평원과 숲이 어우러진 어느 농촌 풍경이 차창을 통해 드러난다. 그간 탐방이 무척 오래되었다는 느낌이 들었다. 여행에 대한 갖가지 상념이 들녘으로 한없이 펼쳐지더니, 저녁 무렵 해시계가 긴 그림자를 마을 어귀로 드리우면서부터 줄어들기 시작한다.

　어쩔 수 없이 상념이 끊기는 순간들, 적적한 느낌이 드는 바닷가 노을……. 도리어 북국의 저녁과 밤의 경계가 무척 아름답게 보인다. 코발트색인가 감청(紺靑)에 가까운 짙은 푸름, 지금 막 해가 진 서쪽 하늘이 잠식되어가는 형형색색의 변화는 기묘한 분위기를 만든다. 허나 순간순간의 바뀜은 어느덧 지평선에 맞닿은 하늘에 옅은 노을로 무상한 경계만 만들 뿐이다. 대자연의 언어는 침묵으로 인간의 생각과 생각하는 인간을 잊고 지운다.

라트비아 '발트의 길'

에스토니아
'발트의 길 balti kett'

> **❝ 노래는 정체성을 확인하는 힘의 원천
> 4~5년마다 성대한 합창제 개최
> 그 자체가 강력한 저항의 힘 발휘
> 구 소련의 탱크조차 뚫지 못해**

해안은 예로부터 정복과 저항의 교차지점이었다. 강대국의 외침은 대부분 바다로부터 왔으며, 역으로 바다로 향했던 역사를 갖고 있는 나라가 바로 발트3국이다. 저항의 시발점이자 정복의 시발점이다. 항거의 접점이자 정벌의 접점이다. 생존과 죽음의 경계이기도 한 이곳 바다는 슬픈 역사를 안고 있다. 발트해가 유독 더 차갑고 짙푸른 빛깔을 띠는 까닭은 어쩌면 그런 슬프고 억센 역사 때문이었으리라. 그러나 기억은 살아남은 자들의 몫이다.

역사적 기억과 흔적이
뚜렷한 도시, 페르누

에스토니아 페르누 역시 그런 역사적 기억과 흔적이 뚜렷한 도시다. 페르누는 19세기 중반부터 자신의 정체성을 새롭게 깨닫기 시작한 곳이다. 최초로 에스토니아어 신문을 만들고, 민족자각운동을 펼친 요한 볼데마르 얀센Johann Voldemar Jannsen이 탐방자를 기다리고 있다. 할 말이 많은 모양이다, 퍽이나 인상적이다. 그가 살아 있다면, 후손들의 인간사슬을 어떻게 쓰고 보도했을까? 얀센 동상과 그리 멀지 않은 곳에 러시아 여황제 카타리나Katharina(러시아 명; Jekaterrina)의 흔적이 그들이 간직해야 할 증거로 남아 있다. 교회 입구 표지판이 이를 알리고 있다. 기억을 지우는 것이 아니라, 기억을 살리는 역설의 현장이다. 이제 다시 에스토니아인들에 의한 인간띠는 몇 번이나 거듭된 식민지의 굴욕을 지우려고 안간힘을 다하고 있다. 그러나 이들의 아픔과는 무관하게 세월은 너무나 야속했다.

야속한 세월도 힘이 되었을까? 식민지가 된 날로부터 50년이 되는 해 1989년 5월, 발트3국은 민족정치정당의 통일조직인 '발트

에스토니아 '발트의 길'

총회'를 창설하여 소비에트연방정부에 "불법 점령사실을 인정하고, 독립을 보장하라"고 요구하기에 이른다. 독소불가침 조약 50주년을 앞두고 집단행동을 시도하려고 했지만, 시일이 너무 촉박했다. 준비할 시간도, 대대적인 국민참여도 불확실해 실패할 가능성마저 짙게 드리운 절박한 상황이었다. 게다가 소련의 무력침공도 예상되는 형편이었다. 실제로 8월 15일 소련의 〈프라우다〉 신문에는 발트3국이 계획하고 있는 불법적인 집단행동에 대한 경고가 나왔다. 덧붙여 루마니아의 독재자 차우체스쿠가 소련에 동조하여 지원 병력을 보내기로 했다는 소문이 떠돌기도 했다. 불안은 행사일 두 달 전부터 행사 당일까지 계속되었다.

최초로 만든 에스토니아어
신문을 들고 있는 얀센 동상

러시아 여황제 카타리나의 흔적을
간직하고 있는 교회의 전경

인간띠의 종점,
탈린

　　　　　페르누를 지나 에스토니아 '발트의 길balti kett' 의 종점이자 인간띠의 종점인 탈린까지 이동하는데 비가 억수같이 퍼부었다. 차 앞유리의 와이퍼가 가장 빠르게 비를 훔쳐도 길이 보이지 않을 정도였다. 폭우와도 같은 빗길, 잠시 숲속 휴게소에 들러 따뜻한 커피를 주문했다. 김이 모락모락 얼굴에 와 닿을 때 왠지 모르게 숙연한 기분이 전신을 감돌았다. 리투아니아와 라트비아를 거치는 동안 생각하지 못했던 약소국의 처절함이다. 에스토니아는 역사상 가장 많은 외침과 핍박으로 인해 망명, 학

 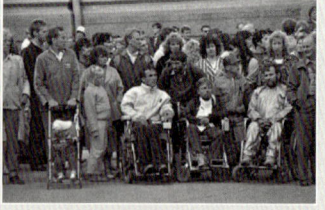

살, 추방, 유배를 당함으로써 인구의 절반 이상이 줄어들 정도로 고난이 컸던 땅이다.

어느새 비가 그치고, 이내 맑은 구름이 드문드문 푸른 하늘을 보이면서 빠르게 움직이고 있다. 그런 탓인지 비에 젖은 '바홀더 Wacholder'(杜松나무)는 푸르다 못해 슬퍼 보였다. 아니, 늦은 여름날 오후의 정경을 더욱 깨끗하게 만드는 주인공처럼 보였다. 여기서 주인은 비단 사람만을 칭하지 않는다. 자연의 만물이 주인공이다. 자연과 더불어 길 위의 에스토니아인들은 각자 손에 촛불을 들고, 노래를 불렀다. 그리고 '바바두스vabadus'를 외쳤다. 에스토니아어로 '자유'를 뜻한다. 1989년 8월 23일, 마침내 저녁 7시가 되자 길 위의 사람들은 모두가 15분간 '자유'와 '독

1989년 8월 23일 발트3국의 '인간띠'. '자유'와 '독립'을 외치는 모습은 당시 유투브로 전 세계에 알려졌다.

에스토니아 '발트의 길'

립'을 되돌려 달라고 목소리를 높였다. 이런 노래가 이 지구상 어디에 언제 또 있을까.

 탈린 시내에서 만난 중년의 사내 얀 운두스크Jaan Undusk 씨의 말이다. "믿기지 않을 정도로 탈린 시민들은 열광했지요. 러시아에서 공부하는 학생은 물론 멀리 서부유럽에 살고 있는 옛 주민도 참가했어요. 탈린에 거주하면서 움직일 수 있는 주민이라면 어린이 어른 할 것 없이 모두가 일심동체가 되어 하루 종일 행사를 준비하고, 노래하고, 촛불로 서로를 격려하면서 불안을 떨쳤던 행동은 이제는 눈물겨운 이야기가 되었네요." 에스토니아 학술원 회원이자 '운데르-투글라스 연구소' 소장이기도 한 그는 가장 인상적인 장면이 바로 "노래하는 시민들의 모습이었다"고 덧

탈린 시내에서 만난 얀 운두스크 씨는 당시를 회고하는 이야기를 해주었다.

탈린 시내 '옛 시장 Vana turg'을
안내하는 중세 상인 복장의 동상

붙인다.

　길게는 13세기 초부터 근 700년 동안 덴마크, 스웨덴, 독일, 러시아 등 외세의 지배를 받아왔던 그들의 파란만장한 역사에서 노래는 민족을 하나로 묶어줄 수 있었던 힘의 원천이었다. 가깝게는 1987년부터 수만 명의 시민들이 거리로 나와 자유를 갈망하는 노래를 부르기 시작했으며, 이듬해에는 전 인구의 4분의 1에 해당하는 30만 명이 모여 다음 날 아침까지 밤새도록 노래를 불렀다. 이 모두는 자발적인 행사였다. 20년 전 인간띠는 이처럼 2년간 이어진 노래축제의 연장선에 놓여 있으며, 소련의 탱크도 무장하지 않은 채 인간방패가 되어 대항하는 노래를 잠재울 수는 없었다. 피눈물 나는 노래를 누가, 왜, 어떻게 불렀을까? 하나의 '운명'이라는 개념을 전제할 수밖에……

　에스토니아는 '노래하는 민족'이라고 불린다. 그만큼 역사적으로도 '합창'은 매우 중요한 의미를 지닐 뿐만 아니라 민족의 정체성 확인과정이기도 하다. 19세기 말 타르투에서 시작되어 오늘날까지 이어지고 있는 노래축제는 5년마다 개최되고 있다. 이를 준비하는 에스토니아 주민들은 지금 설렘 가운데서 또 다른 감회와 감동을 기다리고 있다. '만남과 화합'이라는 이름으로…….

민족노래축제인 대합창제 '윌드라울루피두Üldlaulupidu'는 짧게는 140년의 전통을 이어오고 있다. 국내 주민은 물론 해외에 살고 있는 에스토니아 후손들이 함께 어울려 민요와 현대음악을 합창으로 부른다. 합창단 수가 때론 3만 명에 이를 때도 있다. 이는 그들의 연대의식과 정체성을 기리는 유일한 계기였다.

30만 명 가까이 모여든 탈린의 대합창제 광경

국가(國歌)가 금지되었을 때는 비공식적이었지만, 오랫동안 제2의 국가로 애창될 만큼 민족의 정체성 형성에 중요한 역할을 한 노래가 있다. 민족 여류시인 리디아 코이둘라Lydia Koidula의 시 「나의 조국, 나의 사랑」에 구스타프 에르네삭스Gustav Ernesaks가 곡을 붙인 것이다. 민족정신을 일깨운 그 아버지 얀센의 딸인 코이둘라가 에스토니아의 인간띠를 묶어가는 정신적 지주였다. 애써 틈을 내 운두스크 씨가 음악을 들려준다. 여기에 시를 옮겨 놓는 것으로 당시의 감동을 되살리고 싶다.

나의 조국은 나의 사랑

애정을 바쳤던 그대에게

노래하네, 크나큰 행운을

활짝 피울 에스티여

Mu isamaa on minu arm

kel südant andnud ma

Sulle laulan ma, mu ülem õnn

mu õitsev Eestimaa.

축제의 피날레를 장식하는 곡으로 수만 명의 합창단과 군중 모두가 몇 번에 걸쳐 반복해서 부르는 노래이다. 이처럼 '노래하는 혁명'의 실체는 나의 조국, 나의 사랑이다.

이러한 노래 행사가 라트비아와 리투아니아에까지 전파되어 지금도 발트3국은 4년 또는 5년마다 국가적으로 음악행사를 개최하고 있다. 이전 소련의 압박이 한층 강화되었던 시기, 발트인은 무기나 폭력을 사용하지 않는 대신 노래로 울분을 달래고, 참을성 있게 현실을 극복하고자 했다.

토옴페아 성의 바깥은 오늘도 여전히
'외침'과 '저항'의 경계선을 이루고 있다.

노래하는 혁명,
신선한 자유의 바람

　　　　때론 여행자로서, 때론 탐방자로서, 때론 나그네로서 620킬로미터에 달하는 인간사슬의 길을 체험했다. 닷새 동안의 탐방이었지만, 피곤하기보다는 머리가 맑아지는 것 같다. 홀가분하지만, 동시에 허탈한 기분은 또 무엇인가? '자유, 독립, 준비, 참여, 노래, 기다림' 으로 정리된다. 다른 말로 표현하면, '노래하는 혁명, 신선한 자유의 바람' 을 상징하는 "라이스베스laisvēs, 브리비바brivība, 바바두스vabadus" 이다. 그로부터 2년이 지난 1991년, 누구도 가능하리라고 생각하지도 못했던 독립이 이루어졌다. 피 한 방울 흘리지 않고, 짧게는 수 십 년 동안, 길게는 700년 동안 염원한 독립을 달성한 것이다. 그러나 과연 진정한 독립이 앞날에도 계속 보장될 수 있을까? 핍박과 지배는 이제 물리적인 전쟁으로 인해 생겨나는 것이 아니라, 정치나 경제 논리에 의해 이루어지는 현실이 더욱 두렵기만 한데.
　　이처럼 문제는 남는다. 미완의 자유와 독립은 형태를 달리하는 양상으로 펼쳐질 것이기 때문이다. 그럼에도 불구하고 역사 바로 알기가 하나의 답이 될 수 있다고 본다. 얽히고설킨 역사, 희생자로 남을 수밖에 없었던 소수민족의 비애와 애환을 알지 못하고 어찌 그들을, 아니 우리를 이해하고 사랑한다고 할 수 있겠는가! 우리에게 진정한 자유와 독립이 역사적으로 있었으며, 현실적으로 있으며, 앞으로도 있겠는가, 반문하고 싶다.

평소에 가지고 있던 이러한 물음에 대해 타르투 대학의 리나 루카스Liina Lukas 교수의 답을 들을 수 있었다. 물론 학생들과 함께 교수 자신도 참여한 인간띠에서 에스토니아의 운명을 교수는 간명하게 정의했다. 헤세의 『데미안』에서도 인용되고 있는 독일 낭만주의 시인 노발리스의 말이다. "운명이란 자신의 마음속에, 본질 속에, 성격 속에 이미 감추어져 있거나 포함되어 있다.

타르투 대학의
리나 루카스 교수

'키에크 인 데 쾨크'에서 내려다본
탈린의 구 시가지와 항구의 모습

내면으로부터 원하지 않았던 것은 아무것도 외부에서 닥쳐들지 않는다. 따라서 누구나 자신의 운명을 자신으로부터 끌어내 살아가는 것이며, 동시에 그 운명을 자신에게로 끌어당기는 것이 된다." 이처럼 에스토니아인들의 운명과 마음은 하나의 개념으로 인간사슬을 만들고, 자유와 독립을 염원한 것이다.

이제 마무리가 필요하다. 탐방과 여행은 다르다. 아니 공통점이 더 많은 것 같다. 그 가운데 하나가 일상으로부터의 일탈이다. 일상의 일탈은 자유와 자유로움을 찾아가는 과정에서 겪는 낯섦에 대한 도전이자 저항일 것이다. 편안함과 휴식을 빌미로 사서 하는 고생길이라, 자신만의 독특한 의미를 생산한다. 이미 체험한 곳을 다시 들르면 끊임없이 변화하는 대상과 주체로 인해서 여행자의 기대는 기분 좋게 비켜가기 일쑤다. 이는 처음으로 찾아가는 곳의 체험일 경우에도 마찬가지다. 여행은 새로운 이야기를, 아니 놀라움을 감추고 있기에 더욱 생소한 추억거리로 바뀌는 살아 있는 경험의 세계이다.

그러나 낙원처럼 보이는 이곳인들 우리와 크게 다르지 않다. 지옥 같은 낙원, 낙원 같은 지옥이 어디든 언제든 있기 마련이다. 삶이 곧 고통이요, 역사적 기억이 슬픔이며, 현실에 짓눌린 희망도 함께하기 때문이다. 그럼에도 불구하고 그 낙원과 지옥을 선택할 수 있는 권리는 전적으로 스스로에게 주어져야 한다. 에스토니아는 그 권리를 스스로 선택하였다.

다양한
민족·언어·종교

> **❝**영원한 승자도 패자도 없이 흥망성쇠 거듭
> 인류 역사가 반복적으로 보여줘
> 어려움이 오히려 자극제
> 자신을 지키려는 노력 게을리 하지 않아

발트에 들어설 때나 떠날 때나 우리를 맞고 배웅한 것은 바람이었다. 첫 만남에서는 무심한 표정을, 어느 순간부터는 친숙함을, 마침내 아쉬움을 전하는 메시지이다. 아름다운 자연환경과 생채기를 숨겨둔 나라의 낯가림이자 서운함의 인사이기도 했다.

여행의 실제는 소통

겉으로는 발트3국의 차이점이 잘 드러나지 않는다. 역사 속에서 공통적인 운명도 있었지만, 세 나라는 민족과 언어와 종교가 다르다. 또한 각기 다른 국민성을 갖고 있다. 그 가운데 먼저 우리의 주목을 끈 것은 에스토니아어이다. 에스토니아어는 한국어처럼 우랄어 계통이다. 좀 더 정확하게 말하면, '핀-우그르어'에 속한다. 로마자 알파벳과 독일어 변모음을 차용할 뿐이지 어법이 한국어와 흡사하다. 아이러니하게도 한때 언어학자였던 스탈린의 소수민족 강제분산과 소개, 50년 동안 지속된 러시아어화 가운데서도 발트가 살아남을 수 있었던 가장 중요한 요인이 바로 언어와 문화라는 점, 이번 여행에서 새삼스럽게 깨달은 사실이다.

여행의 실제는 소통이다. 사람과의 만남이 핵심이다. 이곳 세 나라 사람들도 한곳에 모이면, 대화는 우리와 마찬가지로 외국어로 소통해야 한다. 이곳의 말과 글을 어느 정도 익혔지만, 결코 충분할 수 없다. 그러나 탈린에서는 "테레tere", 리가에서는 "라브디엔labdien", 카우나스에서는 "라바 디에나laba diena"로 인사를

여행의 절반이 여행지의 음식 아니던가.
케이크와 차가 곁들여진 휴식의 시간이기도 하다.

하면 누구든 반갑게 맞아주었다. 첫 대면의 인사로 우리의 "안녕하세요", "반갑습니다"에 해당한다. 달리 여행의 절반은 음식이라 하지 않는가? "빵 주세요"라는 말은 타르투에서는 "마 타한 레이바Ma tahan leiba", 다우가우필스에서는 "에스 그리베투 마이지Es gribētu maizi", 파네베지스에서는 "아슈 노류 두오노스Aš noriu duonos"로 바뀐다. 필요한 물건이나 선물을 구입한 후 가격을 물을 때는, "미스 세 막사브?Mis see maksab?/칙 타스 막사?Cik tas maksā?/키엑 카이누오야?Kiek kainuoja?"(에스토니아어/라트비아어/리투아니아어, 이후 같은 순서)이다.

대학이나 국립도서관, 박물관에서 자료를 찾고, 말총머리를 한 총각의 도움으로 고서점에서 필요한 책을 구입하고, 슈퍼마켓에서 시장을 보고, 식당에서 음식을 주문하고, 주점에서 대화를 나눌 때도 동양인이라 특별히 친절을 베푸는 것은 아니었다. 그랬지만 편안하게 대해 주었다. 특히 농부와 어부들은 가끔 수줍음을 드러내기도 했다. 물론 수없이 고개를 숙이며 사용한 "고맙다"는 "테난tänan/팔디에스paldies/아츄ačiū"이며, 귀찮을 정도로 묻고 물어 확인할 일들이 부지기수였다.

"부탁"은 "팔룬palun/루주lūdzu/프라숌prašom"이지만, 이곳도 일상이 바쁘긴 우리와 마찬가지이다. 지나가는 사람 또는 친절하게 보이는 사람에게 접근하여 "실례합니다"라는 말, "바반두스트vabandust/피에도디엣piedodiet/아찌프라샤우atsiprašau"는 또 얼마나 많이 했던가. 이곳저곳으로 이동하려면 때론 택시를 타야 한다. 택시나 호텔은 이미 세계 공통어처럼 쓰이지만 차이는 있다. "쿠스 온 탁소Kus on takso?/쿠르 이르 탁소메트르스Kur ir taksometrs?/ 쿠르 이라 탁시Kur yra taksi?"는 한국어 "어디에 택시가 있나요?"에 해당한다.

그러나 가장 많이 쓰이는 단어는 역시 "예, 아니오"이다. 우스개이다. "야흐jah, 에이ei/야jā, 네nē/테입taip, 네ne"만으로도 발트3국에서 최소 3개월을 살 수 있다. 손짓, 발짓, 눈짓에 때론 한국어가 무의식중에 튀어나온다. 그럼에도 그들의 반가움과 친절함으로 인해 여행은 전혀 색다른 재미에 빠져들기도 했다. 인간적인 너무나 인간적인 실수와 웃음으로 가득 찬 만남과 소통이었다.

여행자여, 영어권이 아닌 여행지에서 영어를 사용하지 마라. 흔해빠진 영어를 쓰기보다는 기본적인 현지어 사용은 예의이다. 우리나라에 온 관광객이나 영어권 외국인이라도 우리말로 묻고

타르투 시내 고서점에서 말총머리 총각으로부터
희귀한 서적들을 구입할 수 있었다.

고즈넉하기까지 한 탈린 시내 카페 앞.
과거와 현재, 지킨 것과 들어온 것들의 조화와 불균형이
왜 편안하게 느껴질까?

웃고 답하는 과정이 너무나 당연하고 자연스러운 게 아닐까. 상대방이 모르는 영어를 탓할 게 아니다. 미리, 아니면 여행지로 이동하는 중이라도 기본적인 말은 배울 수 있기 때문이다.

역동하는
현실의 모습들

　　　　　　　어느새 그런 발트3국이 독립을 쟁취한지도 20년이라는 세월을 자리매김하고 있다. 해방둥이들이 세월을 훌쩍 뛰어넘어 오늘날 발트를 일구는 주역들이 되었으니 말이다. 리가의 도심은 일상으로 분주하고, 빌뉴스의 시내는 주말이면 관광객들로 붐빈다. 탈린의 신시가지에서는 IT산업의 발전적인 모습을 쉽게 느낄 수 있다. 새로운 유럽인, 나아가 세계인으로 거듭나려는 젊은이들의 생동감이다.

　그러나 아버지 세대와 달리 역사적인 굴레와 비로소 획득한 자유에 대한 신세대의 생각은 예측하기가 어렵다. 유럽연합의 회원국이고 나토에도 가입했지만, 21세기 세계의 정세는 끊임없는 변화를 예고하고 있다. 그 가운데 미국 오바마 정권의 등장, 유럽연합의 새로운 역할, 러시아의 부활과 위협 등은 발트3국의 장래를 가름할 외부 요인들이다. 이는 실제 상황이자 가장 현실적인 문제이기도 하다. 마침 타르투 시내에서 마주친 동상 벌거벗은 '아들과 아버지' 의 모습은 기이할 수밖에 없었다. 아들과 아버지는

다양한 민족 · 언어 · 종교

끊임없는 희망과 불안의 대비처럼
부자간의 영원한 과제인 것처럼.

탈린의 아주 오래된 전통찻집과 타르투의 고서점.
이곳 고서점도 발트국 문화적 기억력의 보고였다.

키는 같은데 나머지는 다 다르다. 아니 같지 않으면서도 같아 보이는 건 무슨 이유일까? 끊임없는 희망과 불안의 원천이 대비되는 것처럼 여겨졌다. 언제든지 뒤바뀔 수 있는 역설적 함의이다.

여기서 멀지 않은 언덕으로 조금만 올라가면 또 하나 더 이상한 동상이 있다. 이곳 출신 작가 에두아르드 빌데Eduard Vilde(Wilde)와 아일랜드 출신 작가 오스카 와일드Oskar Wilde 동상이 오른편 왼편에서 서로 마주하고 있다. 정작 두 사람은 한 번도 만난 적이 없는데, 성(姓)의 로마자 표기가 같다는 이유만으로

끊임없는 소통을 함의하는 빌데와 와일드 동상

그 자리에 앉아 시간과 공간을 초월해서 계속 대화를 나누는 운명에 처해 있는 것은 아니리라. 이는 무엇을 함의할까? 나도 앉아 보았다. 속절없는 단절인가, 아니면 끊이지 않아야 할 소통의 염원인가? 모를 일이다. 단지 내가 함께함으로써 무언의 소통이든, 침묵의 단절이든 벤치의 분위기는 달라졌다.

힘들고 어려움만 있는 것은 아니다. 이곳 역시 '젊음, 사랑, 희망'을 통해 그들의 열정과 아름다움에 대한 순수한 갈구를 엿볼 수 있다. 타르투 시청 앞 분수, '키스하는 대학생' 동상의 모습이 매우 인상적이었다. 우산을 받쳐 든 두 청춘남녀의 포옹과 열정적인 입맞춤의 순간을 청동으로 조형한 것이다. 때마침 비도 내렸지만, 이들 청춘남녀의 몸짓은 '낯선 사람, 낯선 삶과 낯선 곳'에서 느끼는 가장 역동적이며 생동적인 형상물이다. 소위 이름값 하는 여러 다른 나라 박물관에 같은 유형의 유명한 조각이나 청동상이 있음을 모르는 것은 아니지만, 어디까지나 나의 판단에 의한 의미부여이다.

다가섰지만 부족하고 부둥켜안았지만 미흡한 부분은 얼굴, 가슴 그리고 양팔이 아니다. 부둥켜안는 것만으로는 모자라 발버둥치듯 자리를 찾지 못하는 남녀의 다리에 있다. 오른쪽 발을 약간

다양한 민족 · 언어 · 종교

타르투 광장의
키스하는 대학생 동상

뒤로 치켜세워 조금이라도 더 밀착하려는 여학생, 이를 받아들이기 위한 듯 오른쪽 다리를 약간 앞으로 구부리는 남학생. 그들의 입맞춤 표정은 그 안타까움 때문에 미완의 모습으로, 움직임으로 살아 있다. 많은 사람의 시각은 얼굴과 키스하는 장면에 머물겠지만, 난 그것을 포함하고도 쉽게 무시당하는 다리의 비꼼과 안쓰러움에 있다고 본다. 그러나 열정의 주인공들은 이를 의식하지도, 알지도 못한다. 그렇다면, 과연 사랑의 순간은 '보는 아름다움'과 '느끼는 아름다움'으로 분리되어 있을까? 아니면……

시련 딛고 '공존'과 '조화' 속에
다양성을 추구하는 발트국

발트의 인구는 세 나라를 모두 합해도 서울 인구에 못 미친다. 파란만장한 역사와 외세로 인한 죽음, 학살, 추방, 유배, 망명뿐만 아니라 기아와 질병으로 인구가 절반 이상 줄어들었기 때문이다. 게다가 종교와 국민성을 경험하는 과정에서 어쩌면 운명적으로 주어진 불리함과 불가항력이 참을 수 없는 분노로 바뀌는 이유는 나만의 느낌은 아닐 것이다.

그건 바로 '소수민족, 약소국, 그들만의 언어'라는 한계였다. 그러나 그들의 논리는 따로 있다. "그렇다고 우리가 할 수 없는 것은 하나도 없지요. 모든 걸 우리가 해결해왔으며, 그렇게 살아갈 수 있는데도 불구하고 결국 강압적인 힘의 논리와 무력으로 우리의 역사와 인권이 유린당한 것이지요." 그러나 그러한 역사도 역사이므로, 언제나 현실과 미래를 중시하는 현명함을 강조하였다. 크로스의 말이었다. "이 지구상의 작은 나라와 민족, 그리고 그들의 역사와 언어를 보십시오. '공존'과 '조화'가 핵심이란 걸 인류는 끊임없이 반복해서 보여주고 있는 것이죠. 영원한 승

다양한 민족 · 언어 · 종교

자도 패자도 없는 흥망성쇠를 거듭하는 가운데 '우리'가 살고 있는 것이지요." 어려움이 도리어 자극이 되며, 자신들을 지키려는 노력과 대비를 게을리 하지 않는다는 것이다.

오늘날 발트3국은 소수민족의 다민족 국가이다. 에스토니아의 경우, 1인당 국민소득은 우리와 비슷한 수준이다. 주민들은 대부분 순박하다. 그러나 끊임없는 외세의 압박에도 굴하지 않고 시련을 극복한 이성적인 국민성을 갖고 있다. 대륙과 해양의 접점에서 겪었던 숱한 시련에도 쓰러지지 않은 끈기 또한 에스토니아인의 특징이다.

라트비아인들은 언어학적으로 유사한 리투아니아인들보다는 정서적으로 오히려 에스토니아인들에 가까웠다. 지리적 역사적으로 에스토니아에 더 근접한 인접국이었으며, 문화적으로도 북유럽의 영향을 많이 받았기 때문이다. 특히 스웨덴, 핀란드, 북부 독일과 밀접한 연관성으로 인해 북유럽 특유의 냉철한 기질을 갖고 있다. 또한 에스토니아인처럼 그들의 민속음악에 대한 애착으로 유명하다. 물론 우리의 관심은 사라진 것으로 알려진 리보니아, 즉 리브인의 후손을 자칭하는 사람들에 의해 면면히 이어지는 말과 글이었다. 발트문화사 연구자의 조언으로 리가 시내에서

리가 호박의 거리에 쉽게 볼 수 있는 벼룩시장의 모습

리가 시내를 가로지르는 '다우가바' 강변의 일상

본 리브어로 된 신문은 퍽이나 인상적이었다. 쉽게 접할 수 있는 신문은 아니지만, 리브어를 구사하는 얼마 남지 않은 사람들의 명단에서, 그들이 지켜가는 건물과 광장에서 오늘날 라트비아 원주민의 아득한 역사적 숨결이 느껴지는 환상의 나라로 잠시 빠져든다.

리투아니아인들은 결혼, 단체, 조직 등을 혈연 중심으로 유지하려는 단일공동체적 특성을 보여준다. 때문에 그들의 사고방식은 투명하고 단선적으로 비치기도 했다. 특히 민족에 대해 자부심이 강해 자신들의 고유문화에 대해 상당한 가치를 부여하고 있었다. 이러한 민족애는 타문화에 대한 배타심과 경시감을 낳는데, 중세 오랜 기간 지배했던 독일적 문화, 행동, 사고에 대한 멸시도 그 한 예에 속한다. 하지만 남에 대한 배려와 협조심이 많고 사교적이면서 호의를 베풀며 낭만적이면서도 과감한 기질을 보여준다. 이성적이고 냉철한 성향인 에스토니아인들과 라트비아인들과는 대조적으로 과격하거나 감정적인 성격을 가지고 있다. 이는 20세기 말 '독립운동'에서도 그대로 반영되어, 이웃나라들과 달리 수십 명의 사상자를 내기도 했다.

낯선 곳, 낯선 사람, 낯선 역사를 알기에는 턱없이 부족한 탐방과 경험들일지 모른다. 그러나 꾸밈없는 그들의 친절함에서, 대화에서 나의 편견과 선입견을 지우고 무지를 일깨운 여행이었기에 인상은 깊다. 생소한 아름다움이자 아픔의 이야기이지만, 모든 만남은 아쉬움을 남기기 마련이다. 에스토니아 탈린 공항, 덴마크 코펜하겐, 독일 프랑크푸르트를 거쳐 먼 나라 한국으로 향하는 나에게 한 무더기 바람결이 나직이 속삭인다. "소중한 인연을, 신선한 자유의 바람을 잊지 말라."

여름이 지나간 한적한 페르누 해변

페르누 해변의 모래언덕과
어우러진 울창한 숲속 풍경.
그곳엔 사람이 있다.

| 발트3국의 역사개관 |

- 기원전 1000년 경 에스티인(에스토니아인)과 리브족(핀란드-헝가리계), 쿠르란트인, 레트인, 리투아니아족(인도게르만계) 발트해로 이주, 이곳에 최초로 정착
- 12세기 말 중세 저지독일어를 사용하는 상인들과 선교사들이 다우가바 강 유역에 상업과 선교를 위한 주둔지 건립
- 1199년 브레멘 출신 알베르트 폰 북스헤브덴 리브란트(리보니아) 주교 임명
- 1201년 북스헤브덴 주교 리가 건설. 검우기사단 창설 후 이교도 강압적 정복 시작
- 1236년 독일에서 기사단 본격적으로 진출
- 1285년경 리가, 레발(탈린), 도르파트(타르투) 도시 한자동맹에 가입
- 1386년 대공국 리투아니아-폴란드 왕국 통합

- 1346~1561년 '성모마리아의 나라 리브란트' (라트비아와 에스토니아)는 독일기사단이 지배하고 신성로마제국에 속함
- 1524년 리브란트 개혁
- 1558~1583년 리브란트를 둘러싼 전쟁의 결과 에스토니아 (1561~1710 스웨덴), 리브란트(1561~1621 폴란드-리투아니아 연합, 1621~1710 스웨덴), 쿠르란트(1562~1795 폴란드) 등으로 분할
- 1561년 '지기스문트 아우구스트 특권'으로 독일사법권과 신교신앙에 대한 독일어법 확정
- 1632년 스웨덴 구스타프 아돌프 왕 도르파트에 대학 설립
- 1700~1721년 스웨덴과 러시아 간 북방전쟁으로 발트지역 황폐화
- 1710/95~1918년 에스토니아, 리브란트(1710), 쿠르란트(1795)는 러시아 속 '독일지방'이 됨. 니스타드 평화조약(1721) 이후 도시인들과 기사계급의 특권 확정
- 1764~1769년 헤르더 리가에서 교수. 18세기 말 독일 학자, 신학자, 수공업자들 발트해 지역으로 대거 유입
- 1802년 도르파트 대학 신축, 저명한 연구자와 학자들 배출

- 1816~1819년 기사계급의 결정을 통해 쿠르란트, 에스토니아, 리브란트 예속 종결
- 1869년 도르파트에서 최초 통합된 에스토니아의 가요제 개최
- 1873년 리가에서 통합된 라트비아의 가요제 개최, 민족의식 성장
- 19세기 말 학교, 관공서, 행정의 러시아화와 공업화
- 1905년 최초의 러시아 혁명, 특히 발트해 지역에서 격렬
- 1914~1918년 1차 세계대전 동안 러시아와 독일의 황제 제국 붕괴. 발트 지역의 에스토니아, 리브란트, 쿠르란트에서 독일의 우위적 지위상실
- 1918~1920년 발트체제(에스토니아)와 발트국의 국가저항(라트비아)에서 독일계 발트인의 협력 아래 공산군에 대항한 해방전쟁
- 1920년 소련에 의한 에스토니아, 라트비아, 리투아니아 독립 승인. 급진적인 징수(몰수)에 대한 독일계 발트인 고국으로 이주. 발트에서 소수민족 권리 주장
- 1939년 히틀러-스탈린 조약. 정복된 폴란드 지역과 서프로이센으로 독일계 발트인 이주

- 1945년 2차 세계대전의 결과 독일계 발트인 분산
- 1944~1990년 발트 지역 소비에트공화국에 합병 및 점령
- 1991년 8월 21일 에스토니아, 라트비아, 리투아니아 재독립

| 오늘날 발트3국 현황 |

발트3국 지금은…

에스토니아
면적 : 45,227 ㎢
수도 : 탈린(Tallinn)
주요도시 : 타르투(Tartu), 나르바(Narva)
인구 : 140만 명, 31명/㎢
인종 : 에스토니아인 65.3%, 러시아인 26%,
　　　그외 벨라루스인, 우크라이나인, 독일인 등
언어 : 에스토니아어(핀-우그르어 계열)
종교 : 루터교 11%, 에스토니아 정교 10%, 러시아정교 등
국민총생산 : 232억 3,200만 달러(2008 IMF)
정치 : 대통령제

라트비아
면적 : 64,589 ㎢
수도 : 리가(Riga)
주요도시 : 다우가우필스(Daugavpils), 리에파야(Liepāja)
인구 : 230만 명, 36명/㎢
인종 : 라트비아인 57.6%, 러시아인 32.3%
　　　그외 벨라루스인, 우크라이나인 등
언어 : 라트비아어(고대프로이센어와 더불어 인도유럽어에 속함)
종교 : 루터교 55%, 카톨릭 24%, 러시아정교 9% 등
국민총생산 : 350억 5,400만 달러(2008 IMF)
정치 : 의원내각제

리투아니아
면적 : 65,301 ㎢
수도 : 빌뉴스(Vilnius)
주요도시 : 카우나스(Kaunas), 클라이페다(Klaipeda)
인구 : 340만 명, 52명/㎢
인종 : 리투아니아인 83%, 러시아인 8.2%, 폴란드인 6.7%
　　　그외 벨라루스인, 우크라이나인 등
언어 : 리투아니아어(인도유럽어의 원어에 가장 근접)
종교 : 카톨릭 79%, 러시아 정교 4% 등
국민총생산 : 473억 400만 달러(2008 IMF)
정치 : 대통령제

(*참조, 대한민국)
면적 : 99,538㎢(한반도 221,000㎢)
인구 : 4,830만 명, 492/㎢(2008)
국민총생산 : 9,470억 달러(2008 IMF)

| 참고문헌 및 웹사이트 |

Arnolds Bruders(Übers. Matthias Knoll): Riga, eine Stadt zum
 Entdecken, Riga 2008
Brockhaus Enzyklopädie in vierundzwanzig Bänden, 19. völlig
 neubearb. Aufl., Manheim 1988
Eisenschmid, Rainer(Red.): Deutschbaltische Literatur, in: Baltikum.
 Estland, Lettland, Litauen, Königsberger Gebiet, 5. Aufl., Ostfildern
 2003
Garleff, Michael: Vom Rad der Geschichte überrollt – Deutschbaltische
 Literatur an der Grenze zwischen Völkern und Kulturen, in:
 Literaturbeziehungen zwischen Deutsch- balten, Esten und Letten.
GEO special(Red.): Baltikum. Estland Lettland Litauen, Nr. 4, Hamburg
 2007
Karin, Thea: Estland. Kulturelle und landschaftliche Vielfalt in einem
 historischen Grenzland zwischen Ost und West, Köln 1995
Martini, Fritz: Deutsche Literaturgeschichte von den Anfängen bis zur
 Gegenwart, Stuttgart 1978
Meyers Handbuch über die Literatur, hrsg. und bearb. von den
 Fachredaktionen des bibliographischen Instituts, Mannheim 1964
Moser, Dietz-Rüdiger(Hrsg.): Neues Handbuch der deutschen

Gegenwartsliteratur seit 1945, München 1990

Moser, Hugo: Deutsche Sprachgeschichte, Tübingen 1969

Scholz, Friedrich: Die Literatur des Baltikums. Ihre Entstehung und Entwicklung, Opladen 1990

Suphan, Bernhard und Carl Redlich(Hrsg.): Herders Sämtliche Werke: Journal meiner Reise im Jahr 1769, Bd. 4, Berlin 1877

Venclova, Tomas(Übers. Saskia Drude): Vilnius, Stadtführer, Vilnius 2008

Vendelin, Thomas: Tallinn. Ein mittelalterlicher Kreuzweg, Pixelmeister OÜ 2005

Wilpert, Gero von(Hrsg.): Lexikon der Weltliteratur, Stuttgart 1975

Wilpert, Gero von: Deutschbaltische Literaturgeschichte, München 2005

대외경제정책연구원, 『2004년 EU 확대와 유럽경제의 변화』, 2003

변광수(편저), 『세계주요언어』, 역락, 2003

서진석, 『발트3국: 잊혀졌던 유럽의 관문』, 살림, 2007

이종원, 『최신 EU론』, 해남, 2001

에스토니아 www.riik.ee

라트비아 www.latvija.lv

리투아니아 www.lrv.lt

www.europa.eu

www.wikipedia.org

| 찾아보기(인명, 지명, 용어 등) |

가우아 Gaua 100
검우기사단 Schwertbrüder Orden 65, 66
게디미나스 Gediminas 48, 49, 123
고르바초프 114
국민전선 156
나폴레옹 96, 97, 105
노래하는 혁명 116, 132, 137, 160, 178, 180
노발리스 Novalis 149, 181
노트케 Bernd Notke 59, 60
니스타드조약 92
다이나 Daina 133, 136
다우가바 Daugava 56, 151, 152, 207
다우가우필스 Daugavpils 21, 23, 192
드우고시 Jan Długosz 94
독소불가침조약 121, 170
독일기사단 Deutscher Orden 56, 57, 64-66, 68-70, 81, 84, 95
라울루피두 Laulupidu 133, 177
라이니스 Rainis 47, 48

라이스베스 Laisves 126, 180
라츠플레시스 Lačplēsis 47
라트갈레 Latgale 65, 161
라헤마국립공원 Lahemaa rahvuspark 16
뤼베크 Lübeck 57-64
리가 Rīga 27, 30, 32, 33, 45, 56, 64-68, 75, 76, 81, 100-103, 106, 110, 116, 122, 137, 144, 145, 147, 151-161, 189, 197, 205-207
리브란트(리보니아) Livland(Livonia) 23, 24, 44, 65-76, 92, 93, 95, 100
린다 Linda 42, 43
마리엔부르크 Marienburg 67
마조비엔 Masowien 65
메르켈 Merkel 44
메멜 Memel 148
모룽엔 Mohrungen 45
바론스 Barons 101
바바두스 Vabadus 173, 180
바우스카 Bauska 148

바토리 Stefan Batory 68
발데마르스 Valdemars 101
발데마르 Waldemar 83
발트의 길 119, 122, 128, 141, 143, 144, 160, 164, 167, 172
발트해 7, 11, 23, 25, 30, 32, 56, 57, 70, 77, 94, 163, 164, 168
발티야스 첼스 Baltijas ceļš 141
발티요스 켈리아스 Baltijos kelias 141
발티 케트 Balti kett 167, 172
벨라루스 Belarus 48
북방전쟁 92
북스헤브덴 Albert von Buxhövden 64, 65, 83
브리비바 Briviva 156, 180
비제매 Vidzeme 161
비타우타스 Vytautas 95
빌뉴스 Vilnius 23, 48, 49, 96, 97, 100, 116, 122-128, 135, 139, 197
빌데 Eduard Vilde(Wilde) 200
사레마 Saaremaa 32
사유디스 sąjūdis 125
손탁 Susan Sontag 17, 52
슈텐데르 Stender 44
스메토나 Antanas Smetona 105

스몰렌스크 Smolensk 106, 109
스탈린 106, 112, 113, 121, 189
스테부클라스 Stebuklas 123
시굴다 Sigulda 100
아돌프 Gustav Adolf 73
야드비가 Jadwiga 94
야콥손 Karl Robert Jakobson 42, 89
얀센 Johann Voldemar Jannsen 42, 89, 169, 177
에르네삭스 Gustav Ernesaks 177
와일드 Oskar Wilde 200
요가일라 Jogaila 94, 95
우크메르게 Ukmerge 128, 129
운두스크 Jaan Undusk 174, 177
울마니스 Kārlis Ulmanis 105
윌드라울루피두 Üldlaulupidu 179
유르말라 Jūrmala 30, 32
젊은 에스토니아 Noor Eesti 90
젬갈레 Zemgale 24, 68, 161
존슨 Samuel Johnson 53
지에스마스 Dziesmas 44, 133
카레바 Doris Kareva 42
카우나스 Kaunas 128, 129, 137, 152, 189
카타리나 Katharina 169, 171

카틴 Katyn 106, 109, 112
칼닌스 Kalniņš 101
칼레발라 Kalevala 39
칼레비포에그 Kalevipoeg 39
칼린닌그라트 Kaliningrad 65
코이둘라 Lydia Koidula 42, 89, 177
콜카 Kolka 32
쾨니히스베르크 Königsberg 65
쿠르란트 Kurland 70, 75, 92
쿠르제메 Kurzeme 68, 161
크로스 Jaan Kross 8, 42, 50-53, 204
크로이츠발트 Friedrich Reinhold Kreutzwald 39, 89
크론발즈 Kronwalds 101
클라이페다 Klaipėda 30
키에크 인 데 쾨크 Kiek in de Kök 80, 79, 182
키예프 Kiew 109
타르투 Tartu(옛 이름; 도르파트 Dorpat) 11, 21, 71-76, 89-91, 103, 176, 181, 192, 194, 197, 201, 202
탄넨베르크 Tannenberg 67
탈린 Tallinn(옛 이름; 레발 Reval) 16, 18, 27, 38, 61, 76, 78, 80-84, 106, 107, 110, 115, 122, 123, 172-177, 182, 189, 195, 197, 199, 209
탐사레 Anton Hannsen Tammsaare 42
토마스 만 Thomas Mann 62
토옴페아 Toompea 40, 80, 78, 115, 179
튜턴기사단 Ordo Teutonicus 56, 64
트라카이 Trakai 48
파네베지스 Panevėžys 128, 137, 145, 192
팔랑가 Palanga 30
패츠 Konstantin Päts 105
페르누 Pärnu(옛 이름; 페르나우 Pernau) 30-32, 76, 89, 110, 161, 165, 169, 172, 211, 210
페테르부르크 Petersburg 103
품푸르스 Pumpurs 47
프로이센(프러시아) Preussen(Prussia) 45, 65, 67, 104
한자동맹 Hansestädte 65, 76, 77, 100
헤르더 Johann Gottfried Herder 45, 46
헤세 Hermann Hesse 164, 181
히틀러 98, 105, 112, 121
히틀러-스탈린 비밀협약 113, 106